子どもたちの輝く瞳のために

豊かな保育とは

わらしべ保育園園長
元埼玉県保育協議会会長
元さいたま市私立保育園協会会長
剣持 浩

かもがわ出版

はじめに

すべての子どもたちの目は輝いています。ガザの子どもたちもイスラエルの子どもたちも貧困にあえぐすべての子どもたちは、輝く瞳を通して訴えています！　お願いだから私たちの命を奪わないで！　父や母の命を！　すべての生きる人たちに未来を！　と。

中学生が技術家庭科の授業で、小さい子どもたちと触れ合う体験をするために、保育園にやってきます。私はあいさつの中で中学生の子どもたちに次のように話しています。

わらしべ保育園にようこそいらっしゃいました。私はわらしべ保育園のジージ（おじいさん）です。ジージは年をとってきたので、私の目をよく見てごらん、たくさんのことを見てきたから、目は輝くのをやめて濁ってきました。

君たちの目はとってもきれいですね！　輝いています。これから始まる小さい子どもたちとの触れ合いがどうなるのか、心配している人もいるでしょう。でも、君たちと同じように小さい子どもたちの目もきれいに輝いています。子どもたちの目を見て話しかけることで、気持ちが通じ合えるようになるのです。短い時間ですが、きっと素晴らしい時間になることを期待します。

このように話しかける私に、中学生の子どもたちは語りかける私の姿をしっかり見ながらうなずいていています。

生きる希望を奪われた時、輝く瞳が奪われ、未来を奪われます。不登校の子どもが毎年増加し、自死に追い込まれてしまう子どもたち。虐待や不適切な保育、学ぶ喜びが失われつつある学校の在り方、すべての子どもたちの命を守るために、私たちはどうすべきなのか、一緒に考えていきましょう。この本を通して、子どもたちの大事な瞳が少しでも輝くように願っています。

＊本文中の子どもたちの写真はすべてわらしべ保育園の園児で、保護者の了解を得て掲載しています。

子どもたちの輝く瞳のために

もくじ

第１章

いのちを守る保育をどうつくるか
――保育事故の問題を中心に

近年多発している保育施設での死亡、ケガなどの重大事故。事例を分析し、再発防止策を探ります。保育園の職員研修などで講演したものをまとめました。

ここ数年、子どもを取り巻く問題が増加しており、子どもたちが生きることへの希望が失われ、深刻な状況におかれている。２０２３（令和５）年の文科省調査によれば小中不登校4万人過去最多、深刻ないじめ件数では小学校58万８９３０件、中学校12万２７０３件、高校1万７６１１件、特別支援学校３３２４件と発表された。家庭内の虐待についても深刻な事例が報道されており、日本の社会では深刻な問題が渦巻いているといえる。

就学前の施設（幼稚園、保育園、認定こども園、小規模保育施設、認可外施設等）では、ここ数年の事例を見ても、小さい子どもたちが、目が届かないところで死亡する事例は後を絶たない。児童福祉法に基づく児童福祉施設の保育所や幼稚園、認定こども園における事故等は、管理する施設の責任において、絶対に防がなければならない。送迎バスから子どもが全員降りたかどうかの点検を怠り、結果的に放置し死亡する事故、保育所等の児童福祉施設で虐待や暴行による痛ましい事件が報道されている。この背景には何があるのか。事故を生み出す要因は何か。私たちは施設の管理運営上、二度と重大事故を起こさないために何が求められているのかを明らかにしなければならない。

最近の事故の事例である。

２０２１（令和３）年７月29日　福岡県双葉幼稚園のスクールバスに５歳児が取り残され、９時間後に発見。熱中症で死亡。

２０２２（令和４）年９月５日　静岡県川崎幼稚園のスクールバスに３歳児が取り残され、５時間後に発見。熱中症で死亡。

２０２２（令和４）年10月19日　埼玉県加須市特別支援学校バスに中学部の生徒１人が30分、11月10日広島市特別支援学校バスに児童がおよそ50分間が置き去りにされた。いずれも健康状態に異常はなかった。

次節では、いくつかの事例をとり上げて、どのようにして事故が起こり、そこからの教訓が引き出されたのかを検討していきたい。

子どもの事故――いくつかの事例から

事例その1

２００４（平成16）年11月17日　多摩川で園児が死亡

世田谷区新町保育園で、５歳児クラス19人が多摩川へ園外保育。園児１人が12時55分頃多摩川に転落した。転落地点から１・７キロ下流で15時頃園児が発見され、救命救急の措置が施されたが18時に死亡。

主任とA、B保育士の３人で引率。昼食は土手の上で２グループに分かれる。食べ終わった子どもが土手を降り、川に向かって石を投げるあそびを始めた。主任は主任連絡会に参加のため、この場を離れた。Bは石投げをしている子どもたちのそばで管理し、Aはまだ食事中の子どもに付き添っていた。Bは園から持参したジュースをとりに子どもから離れ、土手の上に行った。12時55分ごろ、Aのそばにいた Bは被害園児が落ちた瞬間を見て、「被害園児がもぞもぞと動き、頭がスーッと消えた」とのべている。Bはすぐに土手から下に降り、川に飛び込み助けようとしたが、本流に流され近づくことができないまま、助けることができなかった。14時58分に第三京浜道路の下流中州付近で発見され、病院に運ばれたが18時に死亡が確認された。

「下見は複数の職員が多角的にできる限り実施当日のカリキュラムに当てはめた目的地の状況を把握することが必要不可欠であるにもかかわらず、園長は園の運営を優先したので、B保育士が一人で、園長が3年前の記憶を頼りに示した略図により下見をしていた。また、下見の結果は園長及び主任に報告されたものの、サブリーダーのA保育士が欠席のまま行われた。転落現場である水制（河川の護岸が洗掘されないように、水の勢いを流れの中心に押し返す役割をする構造物）とその付近でのプログラムは事前には予定されていなかった。当初に活動場所として想定していなかった水制付近で保育士も一緒に石投げをするなど、保育士たちが適切に園児集団を把握、コントロールできていたとは言い難い」などと多くの問題点が報告されている。

（「新町保育園園外保育事故調査委員会報告書」２００４〈平成16〉年12月、新町保育園園外保育事故調査委員会　参照）

私（剣持）はこう考える

事故調査委員会の報告書では、主任保育士と2人の保育士合わせて3名で引率していたが、途中で主任は会議のため離れることになり、2人の保育士が19人の児童を管理することになった。転落した現場には保育士がおらず、土手の上で気づいてすぐに追いかけたが、流されてしまう。

最悪の事故につながりかねない子どもたちの動きをなぜ予測できなかったのかが問われる。土手の上と下の川で、昼食を食べ終わった子どもたちが、午前中の川でのあそびを再現しようと川岸に下りて遊ぶことは当然予測できることだ。昼食を終えてあそびだすとき、「何かあったら助けられないから、まだ下りないでね」と指示することもできただろうし、子どもだけで川岸であそぶのは危険きわまりないことは認識できたはずである。事故報告書では下見の重要性は認識していたにもかかわらず、下見は一人で行っており、しかも基にしたのが3年前の略図であった点も問題である。

事例その2　2018（平成30）年2月19日　町立保育園児　墓石の下敷きに

長野県高森町立みつば保育園の園外保育で、参加していた年少児（4歳1カ月）が墓石の下敷きになり、死亡する重大事故が発生した。

この日、保育士Ａが朝７時55分に、原町陣屋区民会館の下見を行った。隣の多目的広場の端に立ち、下の雑草地スペースを見渡す。８時ごろ保育士ＣはＡから「年長さんと一緒にお散歩に行くのはどう？」と相談される。年長担任のＢに「天気もいいので、年少児と一緒に散歩に行きませんか」とさそい、９時40分に出発することに決定。46人の子どもを４人の保育士で引率して出発した。

現地には徒歩15分ほどで到着した。多目的広場はぬかるんで遊べないので、Ａはとっさの判断で下の雑草地まであそびの範囲を広げた。年少児２、３人が「ねえねえ、先生、寝ているよ」とＣに伝えに来た（10時25分）。見通しの悪い位置に墓石があり、当該園児が下敷きになっていたため、緊急の笛を鳴らして墓石を取り除こうとするが全く動かなかった。応援も駆けつけ、取り除くが反応なし。10時33分、ＡＥＤ（自動体外式除細動器）が届くが、心電図解析では心静止状態であり電気ショックの合図はなかった。10時45分に救急車で病院へ向かい、11時06分、飯田市立病院に到着。11時15分、心肺機能が再開した。ドクターヘリで長野県立こども病院へ搬送。２月23日に死亡した。

（２０１９〈令和元〉年８月５日「高森町 保育所事故検証委員会事故報告書」参照）

この２０１９年の報告書には、「そもそもの下見が不十分であったことにはじまり、あそび場を区切ることをせず、全体のどの位置に保育士が立てば安全を確保できるかという視点が欠けていた上、保育士たちが何の取り決めもないまま、なんとなく遊ぶ範囲を広げていったこと、その間、子どもたちの動静を把握していなかったこと、「墓石」の危険性について予想せず、他の保育士や子どもたちにその危険性を共有しなかったことが事故につながったと考えられる」と記載されている。

しかし、その後実際には下見はしていなかったなどの事実が判明。2021年に追加報告書がつくられた。それによると、実際は①全く下見をしていなかったのに、園外活動を計画したこと。②担任保育士は下見をしていなかったのに「園外活動計画書・実施記録」を作成し、園長は下見をしたことを前提に計画を承認したこと。③同行の保育士も「下見はしたものと思っていた」と言っているが、実際は園外活動の計画の内容を打ち合わせることなく出発していること。④事故翌日の保護者説明会では園長は「下見」をしたと答えている。⑤活動計画書の書き換えが担任保育士により事故後に行われていたことなどが判明した、とある。

（「高森町立保育園において発生した死亡事故の検証等に関する追加報告書」高森町保育所事故検証委員会、2021〈令和3〉年7月28日）

私はこう考える

2019（平成31）年8月の事故報告書では、園外保育の実施については下見も行い、当日の朝、年少児の担任が天気もいいので年長児も一緒に行きませんか？　とさそい出かけることになった。

1回目の事故報告書では、下見が不十分だったこと、園外保育における4人の保育士の立ち位置や役割についての態勢がきわめて不十分だったこと、そのために１人の子どもが墓石に下敷きになり命を失うことになったとあった。しかし、この報告書があとで問題になる。事実と異なることが列記され、書き換えが行われたのだ。その報告書に基づき保護者に対しても事実と異なる説明会が行われた。実際には下見はしていなかった。園長は下見をしたことを前提に許可し、園外活動の事前打ち合わせもしていなかった。

子どもの命が失われる事故から何を学ぼうとしていたのか？　その振り返りは、二度と子どもの命が奪われないように、冷静に正確に教訓を引き出すことにある。保育士の目の届かないところで墓石の下敷きになり尊い命を失ってしまったのに、嘘の報告ができ上がったことに対し憤りさえ感じてしまう。園長を含め、保育士が事故から何を学ばなければならないかがきわめて稀薄であり、子どもをあずける保護者の立場からは本来、信頼関係で成り立つ保育の営みがいっぺんに崩壊することにもなる。

事例その３　２０２０（令和２）年９月７日　幼稚園型認定こども園で誤嚥による園児死亡

八王子市内の認定こども園で３歳児クラス園児（当時４歳）が、通常より遅く13時に昼食をとり、13時30分ごろ園児が席から立ち上がった。鼻水が出ていたことから、担任は異変に気づく。3センチほどの大きさのブドウがなくなっていた。救命技能を有する職員により背部叩打法、腹部突き上げ法が行われたが、異物は出なかった。心臓マッサージ等が行われ、救急車により病院に搬送、救命のための気管内挿管、マッサージ、人工呼吸等により救命措置が行われたが15時10分死亡。

2016（平成28）年3月「教育・保育施設等における事故防止及び事故発生時の対応のためのガイドライン」（内閣府）により、誤嚥防止の通知がされていたが、この施設では給食主任、給食委託業者、栄養士、職員等については周知していなかった。ブドウは数回にわたって提供されていたが、ブドウ提供は幼児クラスに対しても4分割を推奨するという情報は共有されていなかった。給食の運営は本来施設側が主体的に取り組むべきであるが、献立の作成から保護者向けの給食だよりの発行まで、園は給食会議や検食をせず、業者に依存していた。

私はこう考える

この園では、給食は委託業者に任せて提供していた。給食においては子どもの口に入るまでに、食物アレルギーへの対応、離乳食の内容、誤嚥を防ぐための食材の管理、職員による検食など、園として行わなければならないことがたくさんある。これらをすべて業者任せにしていたことが、このような事故を生み出すことにつながったといえる。「事故防止のガイドライン」にまとめられている事故事例から、かけがえのない子どもの命が背景にあること、二度と起こさないために職員全体で学習すること、職務分掌（園長、給食主任、栄養士、職員など）で、深めることが求められる。「国や市から通知が出たので見ておくように！」では解決にならない。職員が全体で共有するためには職員会議などで研修することが必要である。

就学前施設での死亡事故を防ぐために

ジャーナリストの猪熊弘子氏は上尾保育所事件について、『死を招いた保育——ルポルタージュ上尾保育所事件の真相』（ひとなる書房、２０１１年）の前書きで「保育所は子どもの命を守るための場所である。親が働いていたり、病気療養中だったり、あるいはその他のさまざまな事情がある子どもが、おもに日中の長い時間を過ごす『生活の場』である。親と離れている間も保育者から愛情を与えられ、見守られながら子どもたちが安心して過ごせる場所でなければならない。そんな保育所を信頼して預けた子どもが、安全なはずのその場所で命を落としたとしたら……。朝、『バイバイ！』と笑って声をかけて別れた子どもが、お迎えに行った時には二度と目を覚まさないとしたら……。『もし自分の子どもだったら』と考えてみてほしい。どれほど辛いことだろう。その施設に子どもを預けたことをどれだけ悔やみ、悩み、苦しむことだろう。どんなに泣いても叫んでも、失われた子どもの命は戻らないのである」と述べている。私たちは保育所で、何よりも子どもの命をあずかり、子どもの豊かな成長発達を促すために、そして児童福祉法の精神に基づいて仕事をしているという原点を見失ってはならない。しかし、現実には日々の保育の中で命を失う事故が毎年起こっている。

子ども家庭庁の統計から

次のページの「死亡事故の統計」を見てほしい。私たちは日々の保育で毎年起こる重大事故から子どもたちを守るために、なによりも保育事故を限りなくゼロにする取り組みと、安全・安心の保育をどう構築するかが問われている。猪熊氏が述べているように、朝元気に別れて信頼する保育所に子どもをあずけたのに、緊急に連絡を受けて病院に駆けつけたときはすでに息をしていないわが子と霊安室で対面する、こんなことはけっして起こしてはならない。私たちは、そのために事故の現場から、何を学び、何を教訓にして保育の質を高める努力をすべきなのだろうか。

市内外で起こったおもな死亡事故

私がさいたま市のわらしべ保育園に着任した翌年、2005（平成17）年8月10日に公立の上尾保育所で当時4歳のAちゃんが亡くなった。

この日、20人の4歳児クラスは9時30分に近くの畑に散歩へ出かけた。10時に雨が降ってきたので帰園し、施設内で遊んだ。11時30分頃昼食になり、そこで初めてAちゃんがいないことに気付き、園外で会議に参加していた施設長が戻ってきて、もしかするとあの本箱の中？　と開けたところ、Aちゃんが脱水症状を起こしていた。救急車で運ばれたが死亡した（くわしくは『死を招いた保育』を参照）。

死亡事故の統計

年	幼保連携型認定こども園	幼稚園型認定こども園	保育所型認定こども園	認可保育所	小規模保育事業	一時預かり事業	家庭的保育事業	病児保育事業	放課後児童健全育成事業（放課後児童クラブ）	認可外保育施設	計
2004	―	―	―	7	―	―	―	―	―	7	14
2005	―	―	―	3	―	―	―	―	―	11	14
2006	―	―	―	5	―	―	―	―	―	8	13
2007	―	―	―	3	―	―	―	―	―	12	15
2008	―	―	―	4	―	―	―	―	―	7	11
2009	―	―	―	6	―	―	―	―	―	6	12
2010	―	―	―	5	―	―	―	―	―	8	13
2011	―	―	―	2	―	―	―	―	―	12	14
2012	―	―	―	6	―	―	―	―	―	12	18
2013	―	―	―	4	―	―	―	―	―	15	19
2014	―	―	―	5	―	―	―	―	―	12	17
2015	1	0	0	2	1	0	0	0	0	10	14
2016	0	0	0	5	0	0	1	0	0	7	13
2017	1	0	0	2	0	0	0	1	0	4	8
2018	0	0	0	2	0	0	1	0	0	6	9
2019	0	0	0	2	0	1	0	0	0	3	6
2020	0	1	1	1	0	0	0	0	0	2	5
2021	0	0	0	2	0	0	0	0	0	3	5
2022	1	0	0	1	0	0	0	0	0	3	5
2023	1	0	0	1	1	0	0	0	3	3	9
計	4	1	1	68	2	1	2	1	3	151	234

なぜ、Aちゃんが本箱下段の開き戸の中に身を置いたのかは不明である。しかし、クラス集団の中ではゆがんだ関係があり、命令されて入れられたかもしれないという仮説があった。また、いないことに気付いた保育士は、外靴があるにもかかわらず、もしかするとまた外へ行ったのかもしれないという思い込みで動いてしまい、人数点検や子どもの状況把握が後手後手に回り、発見が遅れてしまった。

私は、この事件後、上尾保育所報告会に参加したが、所長も保育士も憔悴した姿で涙ながらに謝罪する姿が目に焼き付いている。２００９年（平成21）年12月16日のさいたま地方裁判所の判決は以下である。

担任保育士らの動静把握義務違反

担任保育士は、自由遊びの時間であっても担当クラスの子ども達がどこで、誰と、何をしているかを把握すべき注意義務を負っている。仮に、自由遊び中に担任保育士のみでは動静把握ができない場合には、他の保育士に引継ぎ・連携を依頼するなどして、担当クラスの子ども達が保育士の動静把握から漏れないように措置すべき注意義務を負っている。〔…〕児童が誰とどのような遊びを展開しているのか、危険な行動をしていないかなどを確認するなど、必要な動静把握を全く怠っていた。したがって〔…〕保育士には、動静把握義務違反がある。

所長の注意義務違反

保育所内における危険箇所及び子どもの危険な遊びなどの情報共有、危険箇所の安全管理、保育士相互の連携関係を形成するなどの注意義務を負っていたにもかかわらず、これを怠った。〔…〕保育士による1時間以上にわたる動静把握義務の懈怠は、一般的に保育士に求められるべき注意義務の基準に照らして、子どもの生死に関わる悪質な態様のものといわざるを得ないのであって、重大な過失というべきである。

これは特殊な事例ではない。一人の子どもの命を守れなかった上尾保育所の事例は保育に携わる者として様々な問題を提起している。子どもたちの安全な環境や保育士の役割、保育士同士の連携と共に管理者園長の指導性も含めてあらためてその教訓を学ぶことが求められている。

２０１５（平成27）年9月1日、川口市の無認可保育園でこの日、初めて登園した3カ月のBちゃんが11時にあずけられ、12時過ぎに心肺停止で死亡した。

初めて受け入れたのに、検温や健康状態の聞き取りなどはなく、窓側のベビーベッドに寝かされていた。保育士は他の園児の食事介助に手をとられ、泣いているBちゃんの対応ができず、泣き止んだときにはうつ伏せになっていた。すぐにあお向けにしたが心肺停止になっていて、救急車が到着し心肺蘇生を試みたが、亡くなった。母親は保育士に「10時30分にミルクを20ミリリットル授乳したので、泣いたら授乳をお願いする」と伝えており、３カ月児であるがすでに家では寝返りをしていたことがわかっている。

受け入れ時は、昼食の時間帯で、21人の子どもたちと1人の保育士及び2人の保育補助者がいた。

保育士は調理員を兼ねており、手が回らない状況にあった。気温25度、湿度90％の状況下で、遮光カーテンがない窓際に置かれたベッドにBちゃんは寝かされていた。まだ体温調節もできない乳児であることを考慮し、目の行き届くベビーラックに寝かせるなどの対応ができていれば、命を失うことはなかったかもしれない。保育士は「泣いたまま亡くなったと思うと子どもに申し訳ない」と悔やんでいる（剣持が埼玉県保育協議会会長として参加した２０１７〈平成29〉年２月「川口市保育施設等事故検証委員会報告書」を参照）。

プールでの事故

２０１１（平成23）年7月11日、神奈川県の大和幼稚園の室内プールで、３歳児が溺死した。直径４メートルの円形プールで11人の園児を指導していた。次のクラスが使用するので、保育士はビート板などの用具を片付けるために、子どもたちから目を離した。次のクラスの担任が浮いている子どもを発見、すぐに抱き上げ、職員室に移動した。園長が帰園し、近くの園医のところへ子どもを運び、そこで初めて救急車を依頼する。

このことから、いくつもの問題が見えてくる。まずは子どもたちから目を離したこと。さらに、すぐにやるべきことは心肺蘇生のための人工呼吸と救急車の手配であるにもかかわらず、園長が帰園してから園医に運んでいる。いずれも最低限のことができていなかった。この事故を受けて、消費者庁が設置する「消費者安全調査委員会」が「消費者安全法第23条第1項に基づく事故等原因調査報告書」を２０１４（平成26）年６月に発表。同時に厚生労働省が「児童福祉施設等においてプール活動・水あそびを行う場合の事故防止について」を発出。その後内閣府が「教育・保育施設等における事故防止及び事故発生時の対応のためのガイドラインについて」を提言することになる。その後、2018(平成30)年4月に、消費者庁の「消費者安全調査委員会」は「教育・保育施設におけるプール活動・水あそびに関する実態調査」を発表したが、この時点で安全対策計画を作成していない保育園は35・2%にのぼっていた(幼稚園は13%)。なお、この報告書の3ページで、次に紹介する緑区で起きたプール事故のことが触れられている。

事故が起きてからでは遅い！　保育中の事故を防ぐために

2017(平成29)年8月24日、緑区の認可園で、午後のおやつを食べ終わった子どもから順次仮設プールに入り、4歳の女児Cちゃんは15時20分に入った。15時25分には3歳児6人、4歳児5人、5歳児9人が入っていた。15時30分に職員が1人から2人になる。2人の保育士はこの日がプール活動の最終日となるので、保護者が参加しての仮設プールの片づけを少しでも軽減するため、プールに設置していた滑り台の撤去をすることにした。15時35分に片づけを開始し、15時37分にプールの中の滑り台を外すために、2人は立ち位置を変え撤去した。終わって1人は保育室に戻る。残った保育士が園児の「あっ」という驚く声と同時に振り向くと、Cちゃんが浮かんでいるのを発見、すぐに救い上げ救急救命を行い、看護師が駆けつけてAED、心臓マッサージ、救急車の手配を行った。目を離した時間は1分(3分という報道もあり)ときわめて短時間に起こった事故である。その後、心拍が再開し、自発呼吸が再開するも、意識不明のまま翌日3時43分に死亡した(さいたま市の事故報告書から)。

私は、この事故の裁判で園側の情状証人として証言した。亡くなられた児童及びご家族の皆様に心からお悔やみを申し上げた。そして、園長はじめ職員は、保育の質を高め、子どもの育ちを保障するために、園と保護者がつながることを大事にしてきたこと、豊かな発達を保障するために、都会に住む子どもたちが日頃体験できない自然体験を保障し、地域を巻き込みながら祭りを組織し、保育士配置や看護師配置も基準以上の態勢を作り上げ、手厚い保育を築いてきた園の実践と理念を述べた。また、少ない人的配置の中で保育士の「プールの解体を控え、できるだけ保護者の負担を軽減したい」という気持ちをどうくみ取ればいいのか、保育士は保育をしながら次に行うべきことを関連させながら、動かなければならない宿命を負わされていることを訴えた。

そのうえで、現在の保育所設置基準がいかに貧困であるか、諸外国の保育士配置基準を紹介した。幼児の保育士配置基準は、例えばアメリカのカリフォルニアは子ども12人に保育士1人、ニューヨークは3歳児7人に1人の保育士、4歳児8人に1人の保育士、5歳児は9人に1人。イギリス、ドイツは3歳児以上13人に1人の保育士、日本は4歳、5歳児クラスは各30人に1人の配置である（2009〈平成21〉年3月、全国社会福祉協議会「機能面に着目した保育所の環境・空間に係る研究事業【結果の概要】」参照）。残念ながら、行き届いた保育を保障し、なおかつ子どもの生命・安全を保障するためには、日本の保育士配置基準を抜本的に見直す必要があるのだ。

大和幼稚園と緑区の認可園では判決が大きく違う

大和幼稚園の裁判では、園長として、教諭に対する事故防止の指導や監視態勢に過失があったかについては、「担任教諭1人に監視を任せたことが合理性を欠く安全態勢だったとは言えない」として、過失を認めなかった。さらに、裁判長は監視専門の人員を配置すべきと定めた指針がないことから、「複数での監視の義務があったとは立証されていない」と指摘し、担任に対しても「具体的にどのような指導をすれば事故を避けられたかの立証はない」として、罰金50万円の有罪判決が確定した。

緑区の認可園の園長及び保育士に対する判決は「園長及び1名の保育士に禁固1年、園長執行猶予4年、保育士は3年の執行猶予」とした。

なぜ、大和幼稚園と認可園での判決がこれほど違うか。それは、緑区の事故の前年の2016（平成28）年3月に内閣府が出した『教育・保育施設等における事故防止及び事故発生時の対応のためのガイドライン』（以下『事故防止ガイドライン』）にある。大和幼稚園での事故を受けて、消費者庁及び内閣府、文部科学省、厚生労働省が『事故防止ガイドライン』を示し、繰り返し事故が起きないよう訴えたにもかかわらず、起きてしまったからだ。判決は、「2016（平成28）年3月に事故防止のガイドライン、及び同年4月に市内の保育施設に同ガイドラインに関する通知が出され、そして6月にも再度同ガイドラインの周知と注意喚起が発出されていたにもかかわらず、長年プール活動での事故を起こしていないと慢心して、人員面での常時の安全確保体制を講じることもなかった〔…〕（園長は）事故発生当時に園におらず、本件園児への直接の監視業務を担っていた立場でもなかった点を踏まえても〔…〕刑事責任は重い」と量刑の理由を述べた。

このように見てくると、『事故防止ガイドライン』の位置づけはきわめて大きく、判決全体に大きな影響を与えたことになる。判決が大和幼稚園と大きく異なる理由がここにある。

保育中の事故を未然に防ぐために

安心・安全は子どもの未来を保障し、保育士の仕事に安心とやりがいを保障するものであり、そのために何が大切かを最後に触れておきたい。

①事故防止のために各園で取り組んでいる「ヒヤリハット」及び「事故報告書」を軽視しないことである。「ハインリッヒの法則」というものがある。これは、アメリカの損害保険会社の技術・調査部副部長であったハーバート・ウィリアム・ハインリッヒの論文に由来する。ハインリッヒがある工場で発生した数千件の労働災害を調査して、１件の重大事故の裏には29件の軽傷事故、３００件の無傷事故（ヒヤリハット）があることを明らかにしたものである。現在、工場や医療業界をはじめ、社会福祉施設でも取り入れられている。しかし、こうした取り組みをファイリングしておくだけでは全く意味をなさない。日常の保育の中で、環境やあそびの場面で起こるさまざまな事故やハッとすることを分析し、大きな事故にならない手立てを日ごろから検討・分析することが重要である。

わらしべ保育園では年度末の会議で看護師が、年度内に起こったけがや事故を集約し、まとめて、何を教訓にするかを職員間で共有している。

②重大事故・死亡事故から学ぶ研修を位置づけること。私の手元に田村和之ほか著『保育判例ハンドブック』（信山社、２０１６年）がある。著者の一人小泉広子先生（桜美林大学）から寄贈されたものであるが、この中で、認可園、認可外、幼稚園などで起こったさまざまな事故、訴訟、判例が紹介されている。また、インターネットで「保育所保育事故検証」で検索すると、各地で起こった重大事故に関わる検証報告が紹介されている。どこでも起こりうる重大事故の事例が見られ、保育に直結

する内容であり、目を通しておかれることを勧める。特に管理者である園長、理事長はこれらの情報に目を通し、園内研修で紹介しながら、共有するように努力してほしい。

③園の管理者はじめ職員には『事故防止ガイドライン』は必読書である。さいたま市私立保育園協会は、会員園の全職員に対して無料で配布している。特に新任職員への研修として活用してほしい。ガイドラインは多くの尊い乳幼児の命の代償として成立したものである。大人が事故を回避する能力があれば十分に防げたものである。事故をゼロにするための学習を積み上げることが重要だ。

④私たちが保育中に注意し危機管理すべきことは園内で起こる重大事故に対してだけではない。昨今、自暴自棄になり殺人を起こして死刑を望む電車内での事件など異常な事態が連鎖し、ついに不審者が宮城の認定こども園に入り殺人を犯そうとする事件も起きている。これまでにも学校に侵入し小学生が犠牲になる事件が起きた。園内はもちろんのこと、園外保育でも不審者が子どもを狙って襲いかかる事件が増えなければいいが、そのために子どもたちの命を守る警備と不審者対応のマニュアルを早急に整備しなければならない。

最後に、重大事故を避けるために日頃の保育が委縮し、活動の見直しが活動の縮小につながることはあってはならない。子どもたちが育つ過程は、さまざまな能力を発達させ体の自由を確保するために大切である。乳幼児期に培われる危機回避能力や挑戦する意欲、互いに育ちあう経験ができないことは、子どもにとって不幸である。そのためには、事故を起こさないための科学的な取り組みと確かな成長発達を保障する保育・教育が求められている。それらはけっして矛盾するものではない。

第２章

保育をめぐる動き
――子ども、親の変化と保育行政

子ども・子育て支援法の成立や、保育所保育指針の改訂などを通して、保育行政は大きな変化を強いられています。その中で、どういう保育を目指していけばいいのかを考えます。さいたま市私立保育園協会の広報誌『みらい』に執筆したもの、座談会、対談を再録しました。

保育園を取り巻く大きな変動の中で

2009（平成21）年7月

さいたま市の花はサクラソウ、可憐で清楚な花です。日本中に自生していたサクラソウは宅地開発や土壌汚染で姿を消してしまいました。サクラソウのように、保育園で生活する小さな子どもたちの未来が時代に翻弄されることがないように願います。

さいたま市が2003（平成15）年4月に政令指定都市となり、このとき初めて当時の浦和市、与野市、大宮市（2005〈平成17〉年には岩槻市）の私立保育園が一つになって私立保育園協会として歩み出しました。そして、今年（2009年）迎えた第7回総会は、協会が社団法人として新しい組織として改編した画期的な総会となりました。今後、公益法人として協会が果たす役割が大きくなります。

認可保育園をめぐってここ十数年さまざまな動きがありました。

公立保育所運営費の一般財源化（２００４〈平成16〉年）によって保育料が引き上げられ、民営化を促し、コストの削減、正職員の採用抑制とパート職員への切り替えが進められました。また地方分権改革推進委員会第３次勧告（２００９年10月）を中心に「児童福祉施設最低基準の条例委任について」の中で「従うべき基準」と「参酌すべき基準」を示し、施設基準の規制緩和につながりました。

規制改革会議を中心に現行制度の撤廃や企業中心の多様な事業の参入、市場競争の導入などの動きに対して、私たちは保育三団体（日本保育協会、私立保育園連盟、日本保育協議会）と共に反対してきました。

これまで議論になってきた保育所の制度問題は、ときの社会状況と関わらざるを得ませんが、子どもの最善の利益が侵されたり、法律が形骸化させられたり、保育の最低基準がゆがめられれば、子どもだけでなく、保護者や保育士、保育園にとって将来に禍根を残すでしょう。協会に加盟している私立保育園には時代の大きな変動の中で新しい保育所指針が施行される状況にあって、子どもたちの豊かな育ち、養護と保育・教育をどう実践していくかが求められます。

サクラソウの花言葉は「希望」です。別名「青春のはじまりと終わり」とも言われます。青春が終わらないように、協会が「未来への希望」を持って、子どもたちと子育てしているすべてのさいたま市民のために大きな役割が果たせるように、会長として微力ながら惜しみない力を発揮してまいりたいと思います。

（さいたま市私立保育園協会広報誌『みらい』創刊号、２００９年７月）

すべての子どもに良い制度を！

2010（平成22）年1月

新しい年が幕を開けしました。昨年は政権交代という大きな変化があった年でした。さいたま市は相川市長から清水市長へ代わりました。国民の多くが変化を望んだ表れでもあります。さて、こうした変化は保育界においてどうなっているのでしょうか？

いわゆる最低基準

児童福祉法が制定されたのが1947（昭和22）年、その翌年に児童福祉施設最低基準が施行されました。このときの最低基準は、2歳未満児は10対1（子ども10人に対して保育士1人の意味、以後同じ）、2歳以上は30対1の2区分でした。その15年後の1962（昭和37）年に保母（現在は国家資格になり保育士）の定数は3歳未満児が9対1に変わりました。そして、1969（昭和44）年には3歳未満児が6対1、3歳児20対1、4歳児以上児は30対1となり、0歳児をのぞいて4・5歳児はそれぞれ25対1です。保育室の広さに至っては記録を見る限り検討されないまま今日に至っています。

全国一律の最低基準はおかしい⁉

1996（平成8）年、規制緩和が閣議決定され、その後の地方分権改革推進委員会や中央児童福祉審議会が、それまでの措置制度をなくし利用者が保育所や保育サービスを選択できるようになりました。開所時間の弾力化、民間企業の参入、調理の外部委託や延長保育の実施、定員の弾力化など、規制緩和の名の下に保育所をめぐる環境が大きく変わってきました。その延長線上に最低基準についても見直しが必要として、地方分権改革推進委員会や地方自治体の長等が「国は基準を示すにとどめ、地方の実情に合わせて弾力的に運用できるようにすべきだ」と、主張するようになりました。その根拠は、現在の基準は「1948（昭和23）年にできたもので現状に合わないし、科学的根拠もない」からであるとしています。しかし、そう言えるのでしょうか？

保育所の環境に関わる研究

こうした主張に対して、全国社会福祉協議会が独立行政法人福祉医療機構「長寿・子育て障害者基金」助成を受け「機能面に着目した保育所の環境・空間に係る研究事業」として2009年の3月に報告書をまとめ、発表しました。子どもの育ちにとって保育所の環境はどうあるべきか、建築家や保育関係者、研究者が調査してまとめたものです。この報告書は最低基準についての議論に一石を投じるだけでなく、日本の子どもたちが育つ環境として新しい基準を提示した画期的なものです。この中で現在の最低基準ですら子どもの育つ環境として不十分であることを指摘しています。保育所保育指針にもありますが、子どもの最善の利益を守りながら、優れて良い環境で育つことを保障しなければなりません。

設置基準の廃止・縮小・緩和!?

２００９（平成21）年10月6日、原口一博総務大臣（地域主権推進担当）が地方自治体の仕事を国が法令で縛る「義務付け・枠付け」のうち、「象徴的な項目」を年内にも廃止・縮小・緩和するとして、保育所をはじめ特別養護老人ホームなどの設置基準などについても廃止・縮小・緩和を実施する方向である、と翌日の新聞で報道されました（読売新聞、２００９年10月7日付）。国が必要として定めた基準を、市町村の判断で変更することができることにつながり、「基準あって基準なし」という矛盾した体制ができてしまうかもしれません。その後、11月になって長妻昭厚労大臣は待機児童を解消するために「東京都など待機児童の深刻な都市部の一部に限り、地方自治体に基準を定める権限を委譲する」（しんぶん赤旗、２００９年11月5日付）と発表しました。この問題についてどう考えればいいのでしょうか。

子どもたちの育ちについて考えたとき、大きな問題が潜んでいるといわなければなりません。保育園における格差が広がり、子どもが犠牲になることは明らかです。

第一に特定の、あるいは固有の条件があったときは、地方自治体の意向で子どもの育つ環境に違いが出てくるという問題があります。

地方の保育所では少人数でのびのびと生活しているのに、都市部の保育所では基準が緩和され狭い部屋にたくさんの子どもが押し込められ、玩具の奪い合いと喧嘩、保育士の目が届かないところでの怪我の多発など子どもに責任のない不必要なトラブルが次々と発生するかもしれません。

学校教育でそんなことが起きればどうでしょう。地方の豊かな財政に恵まれたところはクラスの定員も教員配置も豊かに保障され、優れた環境が与えられるでしょう。ところが逆に厳しい財政の地方自治体は教育にお金がかけられないので、雨漏りがあっても、非常階段が腐食して壊れかかっても修理するお金などありません。結果として教育の格差が生まれ、日本の子どもたちが受ける「教育の機会均等」が崩壊します。保育の世界にも同じようなことが起こるかもしれません。

第二に国の基準は重要な意味を持っています。前述したようなことにならないように国は子どもたちに対して、日本のどこにいても同じような教育条件と教育の機会を与えてきたのです。

保育でも全く同じことがいえます。下町でも地方でも都会でも「保育に欠ける」子どもたちには自治体の責任で保育の実施が行われてきました。保育所に入所できない児童があふれれば行政は法律違反を犯すことになります。認可保育園としての設置基準が明確に定められており、その基準は子どもにとってより良い保育環境を整えるための最低の基準であり、クリアしなければ設置は認められませんし、引き上げる努力をしなければなりません。基準の意味は日本のどこで暮らしていても、同じような保育環境と条件が与えられていることにあります。もし、地方の裁量に任せることになれば、基準は有名無実になり、保育制度そのものが崩壊してしまうでしょう。

第三に先進国の中でも劣悪な保育環境がますます貧弱になる危険性を指摘しなければなりません。特に都市部において劣悪な保育環境になることは明らかです。待機児童の解消のために、一人あたりの平米数を緩和し狭いところにたくさんの子どもたちを受け入れることになれば、一日の大半を保育園で過ごす子どもたちにとって劣悪な環境になるのは明らかです。そこであそび、食べ、寝るとなれば保育士にとっては子どもの気持ちに寄り添ったり、話を聞いてあげたり等はできないでしょう。

第四に、制度は一度できあがってしまえばそれで動きだし、突っ走ってしまうものです。制度によって不利益が起こったとき、手直しはあるかもしれません。しかし、障害者自立支援法の例をみても、各地で裁判を起こさなければならないほど深刻な問題が生じており、解決には多くの労力を費やさざるを得ません。子どもの育ちに関わる問題だからこそ、日本の子どもたちが豊かに育つ環境を与えなければなりません。

政治が子どもの育ちに正面から応えることで「友愛」が生まれることを期待したいものです。しかし、「友愛」や「変化」に期待をしていたのに裏切られることが次々と出てきています。私たちは未来を担う子どもたちのために、「絆」を深めて惜しみなく力を発揮してまいりましょう。

(『みらい』第2号、2010年1月)

対談　保育園・幼稚園の垣根を越えて

2010（平成22）年7月

さいたま市私立幼稚園協会会長　浅沼 康雄
さいたま市私立保育園協会会長　剣持 浩
（肩書きは対談当時）

司会　本日はお忙しいところありがとうございます。

私たちは2009（平成21）年度から広報誌を発行することになり、このたび3号の発行にあたり、私立幼稚園協会会長浅沼先生と私立保育園協会会長剣持先生の対談が実現しました。幼保一体化や幼保小連携の必要性が叫ばれている昨今、さいたま市就学前児童3万人を有する両協会会長のお二人に忌憚のないご意見をお伺いできればと思います。最初に自己紹介を兼ねて　お二方の経歴をお話しいただけますでしょうか。

剣持　大学で技術史の講義を受けてから、ものを作ること、技術や伝統文化に興味を持つようになり、自分のライフワークになりました。卒業後、幼稚園、小学校、重度心身障害児通所施設に勤めてきました。長年人と関わる仕事をしてきましたが、年を重ねるほどに子どもを取り巻く環境は悪くなるばかりで、子どもの育ちに影を落とし、育つことの難しさを感じます。経験を重ねた保育者は、経験に裏打ちされた知識と多様な視点で子どもをとらえることができるし、若い保育者には、新しい情報や情熱、知識欲があり、それぞれ役割が発揮できるように保育園の環境を整えることで、子どもの未来を切り開く道を探れると思っています。

浅沼　１９５８（昭和33）年に両親が幼稚園を開園しました。私は食いしん坊で、コックになりたかったのですが、一人っ子のため、両親の後を継ぐのは天職と考え幼稚園の先生を養成する学校へ進学、１９６９（昭和44）年に学校を卒業し、お兄さん先生として「ひなぎく幼稚園」に勤めました。１９８２（昭和57）年に園長となり幼稚園生活41年になりました。

年月を経ても幼稚園や親子関係も、本質的には変わっていないと思っています。ただ、子育て情報がたくさんある中で、こうでなければいけないという情報にお母さんが縛られてしまっていて、苦しいことも多いと感じることがあります。私たち幼児教育に携わるものとして、お母さんたちに「それでいい」と発信していく義務があると感じています。

司会　最近の親ごさん、特にお母さんを見ていて感じることはお二人にとって共通点も多いと思いますが……。

浅沼　お母さん自身の子育ての経験が少ない家庭が増えていると感じています。昔なら近所の子育てのネットワークがあり、お互いに助け合っていたのに、今は、子育ての本やインターネットの情報がたくさんあっても、本当のサポーターからの情報は少なく、情報に振り回されてマニュアルで頭でっかちになっている印象が否めません。幼稚園選びについてもしかりで、情報に振り回されて本質を見失ってしまっているように感じられます。

いろいろな幼稚園を見て、自分の子育て観に合った、思い描いていたイメージに近い幼稚園を選択していければ、親子共々幸せな幼稚園生活が送れるのではないかと思います。

剣持　それが私学の良さであり私学の生命でもありますね。幼稚園は親が教育理念や教育・保育方針等を理解して園を選択することができますが、保育園も１９９８（平成10）年に措置制度から選択利用方式に変わり選ぶことができるようになりました。ところが、都市部では保育園が少なく選んだ保育園にはなかなか入れないという状況が恒常的に続いています。第一希望の園にみんな入れればいいのですが、第二、第三希望者が入ってくると、理念や保育方針を理解していただくのに時間がかかります。また、子どもの養護と教育・しつけなどでは対立することもあり大変難しい局面に出合うときもあります。〝親のニーズに合わせて〟とか〝保育園は多様なサービスを〟という考え方は親の価値観を変え、保護者と一体感を持てなくしているようにも思います。養護・

教育をサービスという概念で括れるか疑問ですね。

司会　新学期がはじまり園の様子はいかがですか。

浅沼　最初は緊張しているように見受けられましたが、お子さんが慣れるにつれ、お母さんにも笑顔が多くなりました。子どもたちには靴箱やトイレの使い方、洋服の脱ぎ着など一つひとつに時間をかけて、丁寧に園生活に慣れていくようにしています。

剣持　初めて公的な施設にあずける保護者は、我が子はどうなるのか大変心配しながら来ますね。うちの園では今年初めて、０歳児は母親も一緒に慣れ保育に参加していただくことにしました。お母さんにとっては職員と身近な関係がつくられて、安心して子どもを託すようになりました。園での生活時間が長いので子どもたちの様子を丁寧にお伝えする努力をしています。それを聞いて安心するようです。生活の様子を具体的に話して子どもの成長を共有することで、園との関係が深まります。子育てするのに厳しい環境が目の前にある状況の中で、せめて子どもたちは保育園の中で、ゆったりと豊かに過ごせたらと思っています。

司会　「ひなぎく幼稚園」は「仲町小学校」と道路を隔てています。「わらしべ保育園」は「土合小学校」と隣接していますが、交流はどのようにしていますか。

また、今後の課題についてお話しいただけますでしょうか。

浅沼　仲町小学校とは、１年生の担任と話し合う機会や、園児が小学校に行き生活科の授業に参加したり、トイレや掃除道具を使わせてもらったりしています。卒園児は仲町小学校を含め18校に入学しますが、隣の小学校と交流が持てることが、保護者にとっては安心につながるように感じます。

小学校の先生方は感想として、職員の子どもたちを見る目が柔らかく、言葉使いが優しく、新鮮に感じると言われました。

剣持　わらしべ保育園では、園児が小学校を訪問したり、小学生が授業の一環として来園することがあります。今後、幼保小の連携は大きな課題となってくると思います。特に小学校の先生が、幼稚園や保育園でどんな生活をしてきたのか、知ることが大切だと考えています。就学前の子どもたちがどんな生活をしているか知ってもらう努力が必要ですね。

司会　幼稚園と保育園、小学校と幼保の垣根を取り払っていくことが子どもの育ちの連続性を大事にすることにつながりますね。最後にこれまでにも話題になってきた幼保一体化についてお聞かせください。

浅沼　個人的には、幼稚園、保育園の役割が違うので、馴染むまでかなりの努力が必要と考えています。

ただ、いろいろな形態の幼稚園や保育園があっていいと思いますので、地域の保護者のニーズに応えられる施設であることが一番の条件のように思います。

みんな同じ方向を向いている必要はないので、異なった理念や子育て観の幼稚園や保育園が、地域に偏らず点在することがお互いに幸せではないかと思っています。

剣持　保育園も同じです。幼稚園と保育園の役割の違いや制度の違いを無理に一つにすることで混乱することは避けなければなりませんね。子育てが苦痛や負担になるのではなく親は喜びを持っていただきたいと考えています。そのための環境や制度を、と考えます。保育園にお子さんをあずけていらっしゃるご家庭の中で、お子さんが２人、３人という家庭が増えています。子どもがたくさん欲しいと思えるような保育環境が今後も整っていくよう、保育園、幼稚園は垣根を低くしていくことが大切ですね。

司会　今回は、お二人の保育観・教育観についても触れさせていただきました。

今後、小学校、幼稚園、保育園の連携はますます重要になってきます。幼稚園と保育園の目指すものの共通点と、相違点について相互理解を深めていければと考えています。就学前教育と養護という問題の中には幼稚園、保育園の壁を乗り越えていかなければ解決しないことがらが山積みです。多くの示唆に富む提言を与えて下さいましてありがとうございます。本日は多忙な中、貴重なご意見を拝聴できて大変うれしく思います、ありがとうございました。

（『みらい』第3号、２０１０年7月）

新しい制度改革は子どもと親を幸せにするのだろうか？

２０１１（平成23）年１月

不安といらだちの中で

先行きが見えない不安と混迷の中で年が明けました。民主党の根拠のない選挙公約の崩壊、財源の裏付けのない子ども手当の迷走ぶり、衆参のねじれ国会による政治の混迷が市民生活にますますの混乱と不安を生み出しています。２０１０（平成22）年11月の埼玉県内企業倒産数は前年同月比で27％増と発表されました。働かないとローンが返せない、ボーナスがカット、保育園に子どもをあずけないとやっていけない、などと子育て中の親は大変な状況におかれています。

愛に飢える子どもたち

買い物をしているときでした。スーパーのレジで子どもが母親に一生懸命話しかけています。親は目を合わせず、素知らぬ顔。それでも、子どもは何か訴えているのですが、母親はうさんくさそうに矢を射るような目つきで「ウルサイ」と怒鳴り、子どもは親の態度に押し殺されて小さくなってしまいました。傍若無人に走り回る子どもたちがいても、親はおしゃべりに夢中で、子どもはほったらかしです。

喫茶店を経営している方が、「最近の客は、周りへの気遣いが全く見られず、言いたい放題、周辺への気配りも、心配りもなくなってしまった。こういう風潮が気になります」と嘆いていました。

保育園に来ている子どもたちは、保育士に甘えたがり、年長の子どもたちでもひざに座ったり覆いかぶさり、抱きついてきて離れたがりません。親に経済的精神的ゆとりのないことが子どもの育ちに影響を与えていることは否めません。

新システムは？

政府が提案している「子ども・子育て新システム（案）」（以下「新システム」）は、「目的」の中で〝すべての子どもへの良質な成育環境を保障し、子どもを大切にする社会〟と高らかに謳い、幼保一体化、財源の一元化、多様な保育サービスの提供を述べています。しかし、提案はダッチロールのように揺れ動き、姿を変えて現れます。でも、揺るがないのは「直接契約、直接補助」「多様な事業体の参入」「ニーズにあった多様なサービス」などです。

内容を吟味して読み取ると次のようなシミュレーションが描けます。
まず、保護者は自分の子どもにどれだけ保育が必要か（保育と保育量）を市町村で認定してもらいます。それを受けて、保護者が自分で「こども園」を探すことになります。「多様なニーズに合わせて」施設の中では「4時間だけの保育を受ける子ども」「8時間、11時間保育を受ける子ども」と、保育量が混在することになります。保育料金はニーズに合わせて多様化するでしょう。英語やバレエ、習字やスケートなどのオプションが用意され、別料金が発生します。通常保育も30分、1時間とオーバーすれば基本的には応益負担ですから延長保育料がかかるでしょう。最初は「激変緩和」で特別の補助金があるかもしれません。でもその補助金はいつか消えてしまうでしょう。園長は

膨大な事務作業に忙殺され、ときには保育料未納者へ取り立てに行くことになるかもしれません。
この内容はあくまで私の憶測です。しかし、制度問題に詳しい研究者が、「もしこの制度が動き出したら保護者の負担は保育所探しからはじまり、応益負担は家計を圧迫することになり、保育格差が広がることは確実」と指摘しています。保育料は直接園に払うことになりますが、滞ると「もっと保育料の安いところへ」と、退園を促されることも起こるでしょう。子どもたちの生活が制度の改変によって翻弄されるかもしれません。

日本の子育て、豊かに育つための理念を!

経済の不況と日本の混迷した政治状況は子どもたちの育ちに少なからず影響を与えています。「新システム」は「良質な生育環境を」と謳っても、その中身は不明です。就学前の乳幼児期の養護と保育、その後につながる児童・青年期の教育を見通した人づくりのビジョン・理念が欠落しています。理念なき制度改革はけっして子どものためにはなりません。保護者と保育現場に多大な混乱をもたらすのではないかと危惧します。
就学前の養護・保育に関わるすべての関係者の皆さんと共に、現場から子どもの立場に立って優れた制度を創っていかなければなりません。

(『みらい』第4号、2011年1月)

さいたま市の子育て、皆さんの絆で

2011（平成23）年8月

2011（平成23）年度、さいたま市私立保育園協会の第3回定期総会は東日本大震災のあとに開かれました。

第3回総会に先だって、災害を被った保育園や子どもたちのために義援金をお願いしたのが総会の1カ月前のことでした。加盟保育園では呼びかけを快く受け止めて下さり、総会当日に集約したところ150万円を越える募金が集まりました。その後も届けられ、募金の総額は152万3497円となり、「日本保育三団体被災地支援募金」へ送付いたしました。皆様のご協力に感謝申し上げます。被災地へ、今後とも私たちでできる支援に取り組んでいきたいと思います。

当協会の加盟園は66園となり、8年前に政令市になってから約2倍になりました。それだけに私たちに求められる課題は大きくなり、また、さいたま市の子育てをしている家庭のニーズや期待にどう

応えていくか、その責任の重さを痛感します。今総会は拡大した協会組織にふさわしい事業計画と役員体制を強化することが求められる総会でした。

具体的なこととして、理事役員を4人から5人にしました。

今年の総会では協会全体で取り組む事業として次のように決めました。

①さいたま市になって10周年の事業について、私立保育園としても子育てしているさいたま市民のために力を発揮して企画運営を担う。具体的には昨年取り組んだ「育メンフェステバル」のように子ども・子育てブースを担当し、民間保育園の紹介も行います。

②協会のホームページを立ち上げ、協会の紹介だけでなく、さいたま市の民間

保育園の案内や求人情報、研修会やイベント案内など、会員はもちろんのこと広く子育てしている市民にも役立つホームページを構築し、会員向けには情報をすばやく送れるようにしていきます。

③協会研修旅行を計画します。当初7月に予定しましたが監査や行事などと重なり、実現できませんでした。再度11月に当面する課題（制度問題や子どもの現状、管理運営など）の研修や地方の文化に触れることや親睦を深めるために企画します。ご参加お待ちしています。

④制度問題、社会福祉法人問題、福島原発崩壊に伴う放射能と子どもの健康問題、子どもと法人の未来に関わる問題について、他の保育団体と連携して取り組んでまいります。

これらの課題を実現するために、役員（理事）を強化しました。協会の各部は会員の要望を軸に行政への働きかけ、会員相互の情報交換、時代が要求する情報提供などの課題に応えるために、動き出しているところです。保育園・保育士の質の向上と管理・運営に役立つために各部が力を出し合うのはもちろんのこと、会員皆さんの相互の支えが必要です。

絆という言葉が流行っています。絆はそれぞれの思いがバラバラでは成り立ちません。協会が子どもの未来のために惜しみなく力を発揮し絆を深めていく一年にしたいですね。

（『みらい』第5号、２０１１年8月）

つながりあうことを大切に

２０１２（平成24）年１月

先行き不透明な日本

２０１１（平成23）年は未曾有の災害が起こりました。世界では金融崩壊と独裁政権の崩壊、タイの水害など、各地で次々と起こった問題は、直接私たちの生活に大きな影響を及ぼした年でもありました。世界的な経済の行き詰まりは日本経済の屋台骨にも大きな影響を与え、生産の拠点を海外の発展途上国に移すことで日本の高度な技術と巧みな生産技術は衰退の一途をたどっています。日本経済の空洞化がパート労働者の増加と不安定な雇用形態を生み出し、〝仕事をしたくとも仕事がない〟〝結婚したくても将来の見通しがたたない〟〝子どもを育てるゆとりがない〟など不安な時代に入りました。そして〝不安〟は生きる希望の喪失につながっており、日本社会の見通しの暗さを映し出しています。刃物を持ち歩き見境なく斬りつける若者の行動は小さい子どもへの虐待と通じる構造があるようです。こうした日本社会の歪みと長いトンネルからどのように抜け出せばいいのでしょうか。

被災地では学校の校長、教職員も教え子や家族を失い、親、きょうだいを亡くした子どもたちもたくさんいました。被災地では、このままではいけないと学校を再建し、地域の再生に動き始めました。恐怖と悲しみから立ち上がり、避難所での中高生の活躍は生きる励ましにつながり、全国からの支援が被災地の青少年と大人に大きな力と励ましを与え、輝く表情が生まれています。私たちさいたま市私立保育園協会も双葉町などのために義援金を集め、（昨年の総会で152万3497円、支援講演会で49万7335円）支援してきました。皆様のこうした励ましが被災地の方々を支えています。一日も早い復興を祈念します。

保育の原点、時代の変化と私たちの仕事

ゆとりのない生活、自信が持てない子育て、余裕のない生活は子どもたちの生活と育ちに大きな影響を与えています。

朝の貴重な時間に子どもがぐずぐずしていると追い立てるように「早く！」「仕事に間に合わない！」「いい加減にして！」と感情をむき出しにする親ごさんの姿を見て〝ちょっと早く余裕を持ってやりくりすれば良いのに……〟と批判するのは簡単です。休み明けの子どもたちは荒れと甘えで落ち着きません。休日前にきれいだった肌が荒れ、お尻を真っ赤にしてやってくる子どもたちは、家でどういう扱いを受けていたのでしょうか。保育士は目の前にいる子どもたちに精一杯応えようとして子どもたちを受け止めています。前述した現代社会の歪みは少なからず子育て世代の親へ反映し、そのしわ

寄せが子どもの育ちに少なくない影響を与えているとするならば、私たちの仕事に求められている課題はきわめて大きいと言わなければなりません。

全国保育士会倫理綱領前文で「すべての子どもは、豊かな愛情のなかで心身ともに健やかに育てられ、自ら伸びていく無限の可能性を持っています」と述べています。そして、「私たちは、子どもが現在《いま》を幸せに生活し、未来《あす》を生きる力を育てる保育の仕事に誇りと責任を持って、自らの人間性と専門性の向上に努め、一人ひとりの子どもを心から尊重し、次のことを行います」と述べ、「私たちは、子どもの育ちを支えます」「私たちは、保護者の子育てを支えます」「私たちは、子どもと子育てにやさしい社会をつくります」と高らかに謳い、そのあとに8項目の目標を掲げています。

今の時代、混沌として先行きが見えない時代にあって私たちの仕事の原点を示しています。倫理綱領を読み返すたびに私は感銘を受けます。市町村の保育の実施義務を取りはらい、法的義務を放棄する「子ども・子育て新システム」の問題も倫理綱領の視点で見ていくことも必要でしょう。先行き不透明な時代の波にあって、保育所の役割、保育の原点、私たちの果たすべき課題が問われる一年になるでしょう。このような時代にあって、私たちは子どもたちの豊かな成長のために、互いにつながり合うこと、支え合うことを呼びかけます。

（『みらい』第６号、２０１２年１月）

子ども・子育て支援法案
このままで良いのだろうか

2012（平成24）年8月

昔、ある研究会でスウェーデン、ドイツ、イギリスの技術教育と幼児教育の視察に行ったときのことです。イギリスのバーミンガムのオープンエアミュージアムを見学する機会を得ました。バーミンガムは産業革命の発祥の地で、鉄の生産がはじまりそのための石炭採掘が行われました。坑道があり、説明文に「狭い坑道に入れるのは小さな子どもたちや婦女子であった」とあり、18世紀の技術では坑道の崩れを防ぐために、天井を低くして採掘せざるを得ませんでした。紡績工場では幼い子どもたちが朝早くから夜遅くまで働かされていたことが記されていました。

私はこれを読んで大変ショックを受けました。当時のイギリス議会で子どもたちの労働実態が証言として報告されています。朝3時、4時から夜の10時、11時まで働かされました。ロバート・オーウェンはこうした子どもたちの悲惨な状況を目の当たりにして、労働条件の改善と幼児教育の必要性を提唱し、その後の社会に大きな影響を与えました。

私たちの手元にある子どもの権利条約や児童福祉法、児童憲章はこうした歴史の賜物です。保育園や幼稚園は子ども時代を健やかに育つようつくられた大事な制度です。子どもたちが置かれている社会的、経済的背景に左右されることなく、より良い環境と教育を保障するために築かれてきました。

時代が変わり、保育が「サービス」になり、保護者の「多様なニーズ」に合わせて保育制度を見直すことになりました。「子どもは社会の希望であり、未来をつくる力である」（2月13日「子ども・子育て新システムに関する基本制度のとりまとめ」）として「すべての子どもが尊重され、その育ちが等しく確実に保障されるよう取り組まなければならない」と高らかに謳いました。しかし、「新システム」を読めば読むほどその目的に沿わない疑問が広がります。今国会に提出されたものはそのまま通るはずもなく、地方の保育団体の強力な働きかけで「総合こども園法」は廃案、株式会社の参入も認めず、児童福祉法の24条の市町村の実施義務は変えることをせず、「子ども・子育て支援法」（案）が衆議院で可決されました。私たち地方の保育団体の、これまでになかった結束と、市町村の「新システム」に反対する議決」の広がり、法律家や研究者、保育関係者の声が大きなうねりとなって、法案を変えさせることになったのです。

冒頭イギリスの産業革命と子どもの処遇について述べました。私たちの先輩たちは子どもたちを労働から解放し、貧困から抜け出すために、子ども時代を豊かに過ごす制度や施設を築いてきました。子どもたちの現実から出発して創り上げてきました。この輝かしい保育の歴史を壊してはなりません。

「子ども・子育て支援法」（案）の中に記載されている「多様なニーズ」「保育サービスの拡充」「多様な事業者の参入」が今後どのような問題を引き起こすのか危惧されます。保育を「サービス」として位置付けていることや、「多様な事業者」の参入によって、保育が子どもの豊かな発達を阻害してはなりません。法案が国会で議決され、法律として動き出したとき、現場にいくつもの混乱と不幸と格差を広げるようなものが予想されるのであれば、福祉を守る立場から黙っているわけにはいかないのです。子どもの立場、まだ自分の意見を言葉にして発することが十分にできない子どもの視点から考えるという歴史の流れにそって、不幸な制度にならないよう考え、物申すことが求められています。子どもたちの未来のために。

（『みらい』第7号、2012年8月）

希望へつながるように

２０１３（平成25）年１月

我が家の台所から東の空に見事な朝焼けが見え、毎日ご来光の陽の光を浴びながら一日がはじまります。年頭にあたり、いつものように陽が昇りまた沈む、その繰り返しの平和な日常が壊れることがないよう祈ります。

その日常が崩れてしまったあの東日本大震災、一瞬の天地異変と原発崩壊で日常のすべてが奪われてしまいました。未だ復興の見通しが立たない国の姿は寂しい限りです。衆議院選挙が終わり、政局は混沌とした状況となり、この国の舵取りはどうなるのでしょう。

さて、子どもたちの日常は昨日と今日ではちょっとずつ違います。子どもたちが大人（親であり、保育園にあってはそこで働く人たち）を見る目も昨日と今日とでは少しずつ違います。子どもたちの成長は〝陽が昇りまた沈む〟同じ繰り返しとは違って、ちょっとだけ違うことが生きる力につながるこ

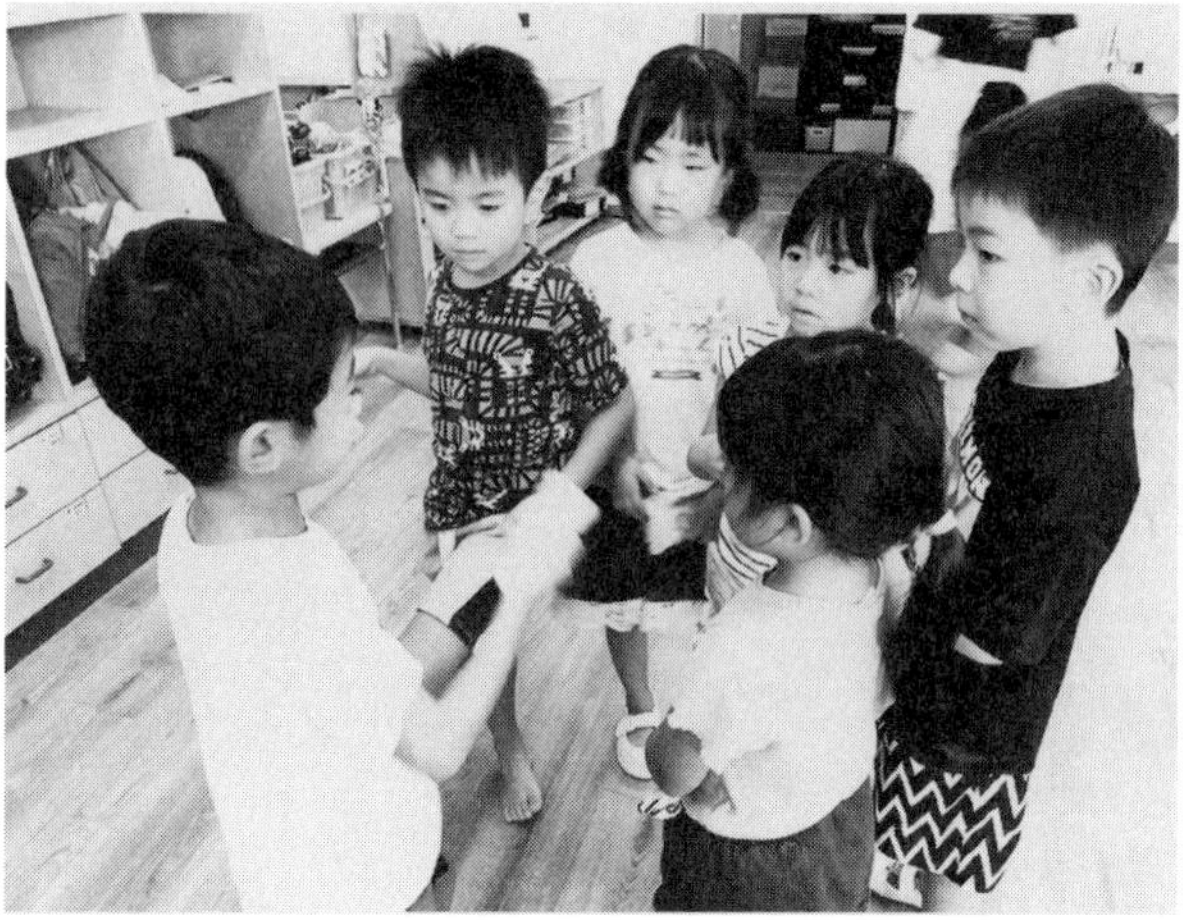

とでしょう。大人社会の閉塞感と不況が子どもたちの生活に影を落としているならば、私たち大人は子どもたちの明日が希望とあこがれにつながるようにしなければなりません。大人が子どもたちに昨日より今日へ、今日より明日へと歩む姿をしっかりと示すことで、子どもたちの希望につながるようにしたいものです。

（『みらい』第8号、2013年1月）

「子ども・子育て3法」と日本の子育て環境は

2014（平成26）年1月

あけましておめでとうございます。

年頭にあたり、皆様のご健康、ご多幸を祈念すると共に、さいたま市私立保育園協会は、子どもたちが将来の日本の担い手として健やかに育つよう、皆様と共に施設環境の充実と発展のために努力してまいりたいと思います。

さて、2001（平成13）年に3市（浦和市、与野市、大宮市）が合併すると同時に、3市の認可園がさいたま市私立保育園協会として発足し、その後岩槻市が合併し、2009（平成21）年に一般社団法人となり、現在に至りました。この間、保育所をめぐる状況は大きく変わりました。

平成13年の新社会福祉法人会計の施行と、2004（平成16）年の公立保育所一般財源化、2009（平成21）年の保育所保育指針改訂、2013（平成25）年8月に子ども・子育て3法（「子ども・子育て支援法」「認定こども園法の一部改正する法律」「関連法案の整備に関する法律」）が成立しました。この法律はこれまでの乳幼児が生活する施設の仕組みを変えるものであり、認可園の今後を大きく左右していくでしょう。

「子ども・子育て3法」の2015年実施に向けて

2013（平成25）年4月から内閣府で、「子ども・子育て会議」及び「基準検討部会」が開催され、法律の具体化と、2015（平成27）年度実施に向けた準備が着々と進められてきました。幼保連携型認定こども園については、その認可基準についての大まかな内容が提案されました。

たとえば屋外遊技場については「園庭」（幼稚園での名称は運動場）という名称にして、面積については提示していませんが、「同一敷地内または隣接する位置で確保することを原則として代替地の面積参入は不可」とすることや、「1号子ども2号子どもは学級編成にすることを基本」としながらも、学級規模については選任の「保育教諭」を配置し、「1学級の幼児数は、35人以下を原則」とする、としています。

公定価格については公定価格（基本額）と公定価格（加算）の二本立てにする考え方で進めようとしており、具体的には2014（平成26）年4月から6月頃に公定価格の骨格と仮単価が提示され、これに伴って給付金の所要額が決められていくことになります。いずれにしろ、きわめて短期間に制度が動き出すことになり、私たちも市町村の行政担当も理解しないまま走り出すのではないかと危惧します。

認定こども園　認定区分の条件

認定区分	条　　件
1号認定	・子どもの年齢が満3歳児以上 ・保育に必要な事由（保護者の就労、妊娠、出産、疾病、障害など）に該当しない ・教育標準時間4時間程度で通園する
2号認定	・子どもの年齢が満3歳児以上 ・保育に必要な事由（保護者の就労、妊娠、出産、疾病、障害など）に該当する ・保育標準時間（原則11時間以内）や保育短時間（原則8時間以内）で通園する
3号認定	・子どもの年齢が0歳～3歳児未満 ・保育に必要な事由（保護者の就労、妊娠、出産、疾病、障害など）に該当する ・保育標準時間（原則11時間以内）や保育短時間（原則8時間以内）で通園する

児童福祉法24条について

児童福祉法24条1項は「保育に欠ける」が「保育を必要とする」に変わり、そして市町村の実施義務としての「保育しなければならない」という項目が明記されました。民主党が進めていた「子ども・子育て新システム」は、この実施義務をはずして、施設と保護者が直接契約する「総合こども園」が目的でした。そして、幼稚園も保育園も10年以内に総合こども園に移行するというのが最初のねらいでした。しかし、地方の保育団体を中心に反対し、24条が守られたのです。

ここで問題なのは、この法律によって、就学前の施設が多様になり、おそらく、保護者も含めて混乱が予想されることです。幼保一元化、幼保一体化の流れは一元化ではなく三元化になったのです。文科省管轄の幼稚園、厚労省管轄の保育所、内閣府管轄の認定こども園の三元化です。そして、認定こども園には「幼保連携型認定こども園」「幼稚園型認定こども園」「保育園型認定こども園」があり、その他に地域型保育事業として、一定の基準に基づいて家庭的保育、小規模保育、居宅型保育、事業所内保育など多岐にわたります。そして、地域型保育と保育園型認定こども園は株式会社の参入の制約がなくなりました。

就学前の多元化する施設と保育

すでに、保育所における最低基準は、守るべき基準、参酌する基準などによって地方に移譲しました。そして、認可園以外は直接契約になるので、国の「子ども・子育て会議」の「基準検討部会」では、認定こども園における保育料は特別教育の名の下に別途料金の徴収が可能となり、保育利用料、認定こども園指針、保育教育内容などの検討がはじまり、2015年3月までには骨格が決められるでしょう。

危惧されるのは、認定こども園に移行するための財政的な誘導政策によって、認可園、幼稚園、認定こども園など、施設の違いにより子どもの処遇に格差が持ち込まれることです。多岐にわたる施設と、地方にゆだねられた「最低基準」のばらつきによって、就学前の子どもたちの育つ環境に違いが出てくることは歴然としています。また、幼稚園には私学助成法により助成金が支払われ、保育所には委託費として補助されることは変わりませんが、他の施設は給付として保護者へ支払われることになります（実際は施設が代理で受領する仕組み）。これは株式会社が参入するためのイコールフッティングを施すためのものです。同時に認可園の現物支給としての園の建て替えなどの義務を取り外し、減価償却費を上乗せする方向が出されていますが、これも同じ理由によるものです。民主党時代の小宮山洋子厚労大臣は、株式会社の関係者に対して、株式会社の参入について大きな道を開いたので安心して下さいというようなことを述べていましたが、こういうことが背景にあるのです。

株式会社の参入は何をもたらすか

福祉の世界に株式会社が入ってくることで、どんな問題が起こってくるのか、横浜市の例を見ればわかります。横浜市は他の政令市に比べて人口比に対する保育所設置率は低く、現市長が2009年、市長選に立候補するときに〝待機児童をゼロにする〟という公約をかかげて当選しました。2013年8月に再選された際に公約を掲げた手前、待機児童ゼロにしなければなりませんでした。実際は居室面積については国の最低基準をゆるめ、株式会社の参入をうながし、焼却炉の空き地や高架下まで利用して保育園をつくってきました。産休・育休中の人、職を探している人、第一希望しか書いておらず入所できなかった児童については、待機児童にカウントされていませんでした。つまり待機児童をゼロにするための操作が行われたといわれても仕方がないでしょう。安倍晋三総理が横浜市に出かけ、視察後に「横浜方式を全国へ」と、待機児童解消のために旗を揚げました。他方、横浜市内でも定員に満たない保育園も出てきている状況があります。

認可外施設についても憂慮すべき問題が起きています。2013年の暮れには札幌市の施設で1歳児が食べ物をのどに詰まらせて死亡、横浜市の「保育ママ施設」で1歳7カ月の子どもが亡くなりました。厚労省の発表では、2012（平成24）年度の死亡事故18人のうち、12人が認可外保育園で起こっています。認可園児童数217万人、認可外児童数18万人という比率から見ても、認可外の死亡事故発生率はきわめて高いといわなければなりません。

株式会社立の保育園では1年も経たないうちに職員がごっそり退職してしまう、給与が安いために3年で入れ替わる、退職金もないなど、劣悪な環境に置かれています。このような状況をみれば、国が責任を放棄する結果、犠牲になるのは子どもたち、保護者、保育士たちです。

株式会社の参入は保護者にとっては便利で役に立つ、行政にとってもプラスになると考える人もいます。株式会社のように利潤を目的化するような保育園もあるようです。「競い合いは必要」「競争は質を高める」と、ある学者は言いました。保育の質を高めることになるのでしょうか。

東京のある保育園は〝保護者のニーズに応える〟という名の下に、認可園と自園との差別化を訴え、児童獲得に力を注いでいます。手ぶらで登園、名前の記入は一切なし、送迎は希望の場所へ、買い物代行、クリーニング代行もOK、保護者様の洗濯物も朝出せば夕方までに仕上げて持ち帰りOK、ネイルサロンやエステと契約、会員割引、園児の衣類は持ち帰り一切なし、ご入浴、シャワー1回○○円、月額○○円、記念日サービス年1回5時間保育料無料……と続きます。「サービスはおそらく都内一番！」と謳っています。保育料は月額0歳100時間で10万1200円、160時間で14万8000円、220時間で15万7080円、その他に延長料金ありとなります。保育の質よりサービスが重視されているのでしょうか。

ここで過ごした保護者は、認可園に転園したとき、あまりの違いに驚くでしょう。持ち帰りも、名前も書かなくて良かったのに、お金を払えば入浴も、夕食も出してもらえる便利さに囲まれた生活が一変するのですから混乱するでしょう。お金ですべて解決する保育は何をもたらすのでしょうか。

児童福祉法が成立して65年間、子どもの豊かな成長発達を保障してきたこれまでの長い歴史と、保護者支援と子どもの養護・教育を担ってきた社会福祉法人を軸とする児童福祉の役割を、再認識しなければなりません。株式会社の参入によって保育がサービスになり、ニーズに応えるという名の下に、保育の市場化が子どもや保護者、そして保育士に与える影響はけっして小さくないと思うのです。

子どもたちのことを最優先に

ある新聞に次のような投書がありました。「横浜市の取り組みが注目を集めている。株式会社参入を積極的に促し受け入れ枠を増やし、働く保護者らの相談に乗る『保育コンシェルジュ』を創設。安倍総理も〝横浜方式を全国展開したい〟として……待機児童ゼロを目指す方針を打ち出している。しかし、保育の質につい懸念する声が上がっている。実際保育の現場に携わる方によると、あずかるのが先決という方針では、子どもも保育士もストレスを抱え、トラブルが多く発生するそうだ。つまり、親の都合に合わせたサービスを優先することによって子どもの発達・教育といった視点は置き去りにされてしまうことが起こるのだ。私は行政にもっと子どもの声を大切にしてほしいし親も子どものことを一番に考えるべきだと思う。なぜなら、幼少期の経験がこれからの人生の基盤となるからである」。

これは東京の高校生の投書です。子どもたちにとっては人生の最初の出会いである保育施設で、豊かな環境と保育内容と人材によって育つことを願う高校生の言葉を、厚労省などの官僚を含めたときの為政者はどう受け止めるのでしょうか。日本の子どもたちが、ときの政府や財政状況によって振り回されるようなことがあれば、そして、保育の市場化によって児童福祉の立場が損なわれるようなことになれば、取り返しのつかないことになるでしょう。

子ども・子育て支援法第1条で「一人一人の子どもが健やかに成長することができる社会の実現に寄与する」と目的が述べられています。児童福祉法第1条では「児童が心身ともに健やかに生まれ、且つ、育成されるよう努めなければならない」とあり、2項では「すべて児童は、ひとしくその生活を保障され、愛護されなければならない」として、その理念を述べています。私たちはこの理念の実現のために努力して参りましょう。

（『みらい』第10号、２０１４年1月）

社会福祉法人の役割

2014（平成26）年8月

社会福祉法人の在り方が問われる

朝日新聞で社会福祉法人の利権問題や在り方について連載されていました。「報われぬ国――負担増の先に」として「社福、親族企業に利益」「社福利権　飛び交う金」「事業拡大狙い現金ばらまく」「社福と地方政治」といった記事が目に飛び込んできます。このように社会福祉法人問題が取り上げられるようになった背景に何があるのか考えてみる必要があります。さいたま市私立保育園協会の5月の定時総会の事業計画で、社会福祉法人を取り巻く問題について触れました。認可保育園が行政から委託されて運営している立場上、今問われている社会福祉法人問題について避けて通ることはできない状況にあります。この問題で問われている内容と社会福祉法人の課題を見ていくことが必要です。

法人が問われるきっかけは？

２０１０（平成22）年６月４日に「新しい公共」円卓会議で「新しい公共」宣言が発表されました。民主党鳩山政権のときです。これを読んだとき、私は〝今後の社会福祉法人を左右する重要な問題提起がされているのでは〟と危惧しました。

「気候変動の影響が懸念される一方で、少子高齢化が進み、成熟期に入った日本社会では、これまでのように、政府がカネやモノをどんどんつぎ込むことで社会問題を解決することはできないし、われわれも、そのような道を選ばない」として、「新しい公共」によって「支え合いと活気のある」社会を実現するよう提言しています。昔は共同体としての地域の「公共」があったことを「思い出しそれぞれが当事者として、自立心をもってすべきことをしつつ、周りの人々と協働することで絆を作り直すという機運を高めよう」と呼びかけました。そして、「新しい公共」を作るために「新しい公共の主役は、一人ひとりの国民にあり」、政府に対しては「政府と国民の関係のあり方を大胆に見直す」必要があると述べています。「具体的なイメージ」では、市民が所得の１％を寄付する社会をめざす「寄付推進機構」を創設し、寄付金の支援を行うことや、経団連の１％クラブが、自主的に社会貢献活動に支出するよう支援していること、また、ＳＶＰ（ソーシャルベンチャー・パートナーズ）東京が、社会人一人あたり10万円の寄付を原資に社会的課題に取り組む実例が紹介されているのです。

ここで示された「新しい公共」の概念はすでに崩壊した地域共同体の復古を呼びかけると同時に、政府の役割を矮小化し国民一人一人の「役割」にすり替えられていると言えます。社会的弱者への支え、国民一人一人が豊かに生きるために自立した支え合いはきわめて重要な課題です。「新しい公共」

といって国の役割を後退させ、国に頼ることなく自助努力せよと強調する一方で、「福祉」という言葉は皆無でその概念すら避けているのではないかと読み取りました。

今、何が問題か

その後、社会福祉をめぐる問題は次々と報道されるようになりました。これと前後して『週刊ダイヤモンド』（２０１０年2月18日号）で「保育園業界のムダと闇――社会福祉法人はすべて善で株式会社はすべて悪なのか」という特集を掲載しています。編集部は「株式会社の参入には拒否反応を示す社会福祉法人は、株式会社は利潤を追求し保育の質は二の次だと言うが、本当にそうだろうか。社会福祉法人は曇りのない経営をしているのだろうか」と前置きし、社会福祉法人の税の優遇性（法人税、事業税、住民税、消費税、固定資産税は非課税）を挙げて、株式会社にはない優遇措置を指摘しています。その後、株式会社とのイコールフッティング（事業者間における公平性）問題、社会福祉法人の内部留保問題、そして、冒頭で紹介した朝日新聞の記事につながっていくのです。

『ウェッジ』２０１４（平成26）年３月号に上智大学の藤井賢一郎准教授（当時）が「待機児童問題を巡る社会福祉法人の『闇』」という論考を寄せ、「保育所が増えない一要因に、社会福祉法人の存在がある。補助金の使途制限や保育の質維持の理想論を隠れ蓑に、業務改善や効率化を怠り、時代に即したサービス提供が進まない。今こそ岩盤既得権にメスを入れ、本来あるべき社会福祉の姿を取り戻す時である」と述べ、「広島県内で保育所を運営する社会福祉法人で2億８０００万円の保育所運営費の使途不明金が見つかった」事例や、「行政の指導・監査がありながら、あたかも理事長やその一族の個人企業であるかのような運営が行われ、不当に私的な利益を得る例も一部に見られるようになってきた。過去社会福祉法人の理事長ら2人に、4年間で約1億5700万円の給与が払われ、業務外の渉外費などが約1800万円に上った」事例などを紹介しています。

私腹を肥やすこのような一部の社会福祉法人の問題をきっかけにして、あるいは意図的に、公益のために地域で健全な福祉事業を展開している多くの社会福祉法人が攻撃されるとしたら、本質を見誤る危険性を持っています。こうした事例が物語っている背景をどう考えれば良いのでしょうか。地方自治体の指導監査の在り方も洗い直すことも必要です。

「社会福祉法人制度の見直しについて」

規制改革会議は2014（平成26）年の4月16日に、「介護・保育事業などにおける経営管理の強化とイコールフッティング確立に関する意見」を発表しました。この中で事業者のガバナンスとして、財務諸表の情報開示や役員報酬などの開示、内部留保の明確化、所轄庁による指導・監督の強化などが挙げられています。また、公平性（イコールフッティング）として、参入規制の廃止や経営主体による差異をもうけないこと、社会貢献活動を行わない社会福祉法人に対して所轄庁が「業務の全部若しくは一部の停止や役員の解職の勧告、さらには解散を命ずることができることを明確化すべきである」と述べているのです。情報開示については、すでに厚労省が5月29日に社会福祉法人に対して、①「現況報告書」を統一書式として電子ファイルで提出すること（既に2014年から実施）、②貸借対照表、収支計算書は電子ファイルで提出すること、③①②は各法人がインターネットで公表すること、と通達をしました（詳細は全保協ニュース№14－2）。そして、2014年7月4日には厚労省の社会福祉法人の在り方等に関する検討会が、「社会福祉法人制度の在り方について」を発表しました（是非一読することを勧めます）。

こうした背景には、社会福祉法人が公の支配に属する法人として、補助金の優遇を受け、きわめて高い公益性を持っていることがあります。「社会福祉法人制度の見直しについて」（案）では「旧民法第34条に基づく公益法人としての性格を有している」と、社会福祉法人制度の変化及び制度を取り巻く状況の変化について、具体的に述べられており、課題についても言及しています。地域住民や利用者から十分な評価を得られるような仕組みが弱いこと、財務状況や事業運営が不透明なこと、家族経営による私物化といった運営がまかり通ったり、社会福祉事業への投資や地域還元をしない内部留保問題、他の経営主体とのイコールフッティングが、ここでも指摘されています。

社会福祉法人の透明性、公開性、公益性はきわめて重要で、当然のことです。行政も指導してこなかった責任もあるでしょう。こうした改革が福祉事業を形骸化せずに展開していくことを願います。

曲がり角に来た社会福祉法人

前述したように、社会福祉法人をめぐる問題は、法人の在り方まで含めて多岐にわたっています。1951（昭和26）年に社会福祉法が成立してから、社会保障制度と関連しながら福祉の環境も大きな変遷を遂げてきました。皆さんもご存じのように、1997（平成9）年の介護保険制度の創設、2000（平成12）年の社会福祉基礎構造改革（措置制度から契約制度へ）、そして、こうした流れの延長として2012（平成24）年8月に「子ども子育て3法」が成立し、戦後の保育制度の大きな改革が進められています。

ここで指摘しておきたいことは、保育制度問題と社会福祉法人問題は切り離して考えることはできないことです。他の事業体・株式会社も含めてのイコールフッティングが進められれば、社会福祉法に基づく社会福祉法人の役割が骨抜きにされるのではないかと心配です。認定こども園は保護者との直接契約であり、これまでの保育園とは180度違います。直接契約で社会福祉法に基づく福祉という役割がやがて希薄化され、それが社会福祉法人を弱体化することにつながるのではないでしょうか。

現在、埼玉県社会福祉協議会は、「社会福祉法人社会貢献活動推進協議会」を立ち上げ、法の隙間にある生活困窮世帯への支援に取り組もうと呼びかけています。社会福祉法人にとっては、この取り組みはきわめて重要な意味を持つことになるでしょう。

さいたま市私立保育園協会は、加盟園のうち、社会福祉法人立保育園が90％を超える協会として、各法人が公益法人としてどのように地域の中で力を発揮できるかが問われていくでしょう。自ら墓穴を掘るようなことがないように、社会福祉法及び児童福祉法の理念と目的に沿って事業を進めていく、そうした原点に立つことが今求められています。

（『みらい』第11号、2014年8月）

新制度と保育所

2015（平成27）年1月

夜明けと共に遠くの朝焼けの輝きがまぶしく光り、新年を迎えられたことに、さいたま市私立保育園協会を代表して皆様のご多幸と、より良き年でありますよう祈念申し上げます。

2015（平成27）年は認可保育園や社会福祉法人とって大きく動き出す年でもあります。2014（平成26）年の暮れに衆院解散が行われ、消費税値上げが1年半先送りされました。財源的な裏付けがないまま4月から保育の新制度が施行されます。子育て支援を最重点にするのであれば、次世代を育てるための財源として、1兆円を上回る財政投資が必要であることは、政府自身が、そして「子ども・子育て3法」を決めた自民、公明、民主も認めているところです。しかし、前述したように消費税値上げ先送りという状況が、今後の日本の子どもの育ちを保障する課題にどのような影響を与えるかは、きわめて不透明と言わなければなりません。最低7000億円という財政的裏付けなしに新制度を施行しようとしていますが、これもまたどのように動き出すのか現在のところ全くわかりません。いずれにせよ不透明なまま新年を迎えました。

子どもたちは今

日本の子どもたちがおかれている現状は大変深刻です。２０１４（平成26）年の暮れにはＮＨＫが子どもの貧困問題を特集していました。６人に１人が貧困家庭にあり、年々増加の一途をたどっています。さらに深刻なのは、就業労働人口６０００万人の内、２０００万人（３人に１人）が非正規雇用という不安定な労働に携わっており、貧富の格差が広がってきていることです。

先の衆院選挙では安倍総理が「アベノミクスをやめるわけにはいかないのです。雇用も株価も賃金も上昇傾向にあり……」と述べていました。しかし、政府の発表する実態は逆の様相を示していると言わなければなりません。賃上げは一部の大企業に限られ、雇用は拡大しているといっても、その実態は正社員の減少と非正規労働者の増加です。大学を出ても就職できず、奨学金返済ができない若者たち、中途退学者が増加傾向にある高等学校の実態、不登校の児童数の増加など、すべての年齢層で先の見通しが持てない状況が広がっています。

保育園では一人親家庭が増加しており、生活を成り立たせるために、２つ３つの仕事をしないと生活が維持できない問題があります。小さな子どもを留守番させ、夜の仕事へ出かけなければならない親、子どもとゆっくり関わってあげたくてもできない親、一人で暗い部屋で温もりのない夜を過ごさなければならない子ども、それぞれがおかれている現実は深刻です。一人親家庭の50％超が貧困家庭といわれています。格差社会が今後の就学前教育や養護と保育にどんな問題を引き起こすのか、そして子育て新制度が生み出す問題について考えていく必要があります。

現段階での問題、公定価格（案）について

２０１４（平成26）年6月に公定価格の仮単価表が示されました。その後、公定価格仮単価試算について精査する中で、保育所と認定こども園との間で格差が生じていることが判明しました。それは次の通りです。

①1号（教育だけ）認定こどもの定員と2号（満3歳保育認定）・3号（3歳未満保育認定）認定の子どもの定員がそれぞれ別々に単価認定されているため、1号認定こどもの単価が極端に高くなっている定員区分があるなどの不合理が生じている。

②1号認定こどもが1人でも在籍すれば「学校」としての加配加算が付くという不合理が生じている。

③学校でない保育型認定こども園及び地方裁量型認定こども園に対しても学校としての加配加算が付くという不合理が生じている。

（保育を守る全国連合会「子ども・子育て支援新制度公定価格仮単価の問題について」より）

この問題について２０１４（平成26）年8月20日、参議院議員会館で、保育を守る全国連合会と九州保育三団体協議会は、厚労省と懇談会を開きました。このとき、私たちは保育所から認定こども園に移行した場合、公定価格の総額がどう変化するかについて試算したものを提示しました。たとえば、

移行前保育所
2・3号認定：90名
（収入：約8,900万円／年）

↓

認定こども園に移行
1号10名
2・3号定員80名
（収入：約10,600万円／年）

全体定員を変更することなく保育所から認定こども園へ移行し、1号認定4歳児を10人と設定した場合、年間給付は1729万9000円（19・5％増）となります（**表**）。こうした差が出てくる背景について、厚労省は懇談会で、「保育を守る全国連合会が示した公定価格による試算は間違っていない」と認め、その根拠として次のように説明しました。

裏付けとなる根拠は、保育所にはなく、幼稚園・認定こども園にあるとしました。副園長・教頭加算約90万円、学級編成加算340万円、チーム保育加配加算2人の場合670万円、事務職員315万円などです。これが根拠となって格差を生み出すことについては、懇談会の席上私たちは、施設種別ごとに格差を設けないこと、子育て支援法付帯決議では、給付による誘導は行わないという主旨からも、大きな問題ではないかと指摘しました。これに対し「厚労省としても、幼稚園サイドと保育所サイドの対立を招くことにならないよう、慎重な検討が必要」と認め、「1号の利用定員を少数設定する場合の取扱いについては整理をして」検討していきたい旨の答弁がありました。いずれにせよ、公定価格案が出されたことで、矛盾も明らかになってきたと言えます。

チーム保育加算については、法令に根拠がある加配ではなく、「幼児教育振興アクションプログラム」（2006〈平成18〉年）による政策的促進加配です。当初「未就園児の円滑な幼稚園就園の推進」という位置づけで加配されましたが、その後「幼稚園の園児に対するきめ細やかな対応を図るため」「少人数教育などきめ細やかな学習指導などの推進」として、チーム保育が採用されてきた経緯があります。国の「子ども子育て会議」でも、幼稚園、保育園のすぐれたものを取り入れながら、より良い基準をつくると述べていました。逆に格差を広げていくようなことになれば、利用する施設によって子どもの処遇に直接格差をもたらすことになります。このようなことにならないよう、自民党関係議員に対して、格差解消へ向けた働きかけをしているところです。

最近の報道では、子育て支援については２０１５（平成27）年度から約５０００億円の予算を確保して実施するようです。今大事なことは、保育所や幼稚園、認定こども園において、同じ教育・保育内容に対する公定価格に差を付けないこと、認定こども園への誘導はしないこと、児童福祉法24条１項に基づく保育所の位置づけと役割を重視し、職員の処遇改善と保育環境の整備のための施策を進めるよう要望することとです。また、保育所と認定こども園との差別化と、子どもの認定区分（1号、2号、3号）は、いわゆる「学校教育」という位置づけが持ち込まれたことで、新たな問題が生じてきました。

いわゆる「学校教育」という位置づけの背景にあるもの

幼稚園教育要領は２００９（平成21）年４月、保育所保育指針は２００８（平成20）年に告示化されました。保育所指針はそれまで厚労大臣の内示としての扱いでしたが、一定の法的拘束力を持つようになりました。

２０１４（平成26）年の４月に幼保連携認定こども園の「教育・保育要領」が内閣府、文科省、厚

労省の1府2省による告示として公示されました。これによって、保育所における「保育所保育指針」、幼稚園における「幼稚園教育要領」の3つの要領、指針が揃ったことになります。日本のどこにあっても、質を担保して保育が展開できる条件をつくったことになります。

しかし、ここにきて3つの要領、指針となったことで、それぞれの要領、指針によって保育、教育が行われることになります。子ども・子育て支援法では「教育」の定義について次のように位置づけています。「この法律において『教育』とは、満3歳以上の小学校就学前の子どもに対して義務教育及びその後の教育の基礎を培うものとして教育基本法第6条1項に規定する法律に定める学校において行われる教育」（支援法第7条2項）としています。他方、学校教育法では、「学校とは、幼稚園、小学校、中学校、高等学校、中等教育学校、特別支援学校、大学及び高等専門学校」と規定しています。教育基本法第6条（学校教育）では「法律に定める学校は、公の性質を持つものであって、国または地方公共団体の外、法律に定める法人のみが、これを設置することができる」としています。

今回の制度改革に関連する法律の整備の際、学校教育法第6条に幼保連携認定こども園を組み入れることはしませんでした。保育所保育指針で述べられているように、保育所は「養護及び教育を一体的に行うことを特性」としており、私たちはその営みを「保育」と位置づけてきました。保育を学校教育としての教育概念と区別する意図はどこにあるのでしょうか。皆さんご存じのように、これまでの11時間の保育利用時間が、標準時間と短時間利用になり、保育の必要に応じて1号、2号、3号と区別されることになりました。このような区別が今後子どもたちの処遇や保育にどのような影響を与えることになるのでしょうか。

これからはじまる保育条件整備が、地域型保育や施設の三元化（保育所、幼稚園、認定こども園）に伴い、保育制度の空洞化（許可保育所としての役割の形骸化）につながることになれば、保育制度における保育の託児化や非専門性化につながりかねないのではと危惧します。

公立保育園の保育士の非正規化問題がクローズアップされています。保育制度の大きな改革がはじまりますが、子どもたちの処遇に格差が持ち込まれることがないようにしたいものです。

（『みらい』第12号、２０１５年1月）

保育所の質について

2015（平成27）年9月

保育所保育指針に見る「質」

認可園の役割について2009（平成21）年4月から実施されている保育所保育指針に基づいて各園で保育が営まれている。もう一度、読み返してみたい。質の問題については第7章で、特に留意しなければならないこととして「（1）子どもの最善の利益を考慮し、人権に配慮した保育を行うためには、職員一人一人の倫理観、人間性並びに保育所職員としての職務及び責任の理解と自覚が基盤となること。（2）保育所全体の保育の質の向上を図るため、職員一人一人が、保育実践や研修などを通じて保育の専門性を高めるとともに、保育実践や保育の内容に関する職員の共通理解を図り、協働性を高めていくこと。（3）職員同士の信頼関係とともに、職員と子ども及び職員と保護者との信頼関係を形成していく中で、常に自己研鑽に努め、喜びや意欲を持って保育に当たること」と述べている。

この視点から、施設長の役割、職員の資質向上を図るための自己評価などの取り組みが求められる。

この背景には児童福祉施設最低基準第７条の２第１項で「児童福祉施設の職員は、常に自己研鑽に励み、法に定めるそれぞれの施設の目的を達成するために必要な知識及び技能の修得、維持及び向上に努めなければならない」と、職員の質の向上を規定している。そして、社会的子育て環境の変化と育児の孤立化、保護者の悩みに応えるためにも、保育所と職員が対応すべき内容が多様化してきていることの現れである。

では、実際の保育現場、認可外も含めて何が起こっているのかを見てみよう。

『ルポ　保育崩壊』（小林美希著　岩波新書　２０１５年）では次のような事例が紹介されている。

「もう！なんで、泣くのよ！」泣き叫ぶ子どもを目の前に、新卒保育士は「どうして良いかわからない」と口にしながら途方に暮れる。リーダーの保育士は「泣き過ぎ！」と子どもたちに向かって叫んでいる。

この中で行われている保育は何を物語るのか、子どもたちが昼間、生活する保育所で現実に起こっている実態についてこれと似たような事例を紹介しよう。

他市の認可園でのことである。Ａさんが勤務時間が短くなるように職場を変え、新しい職場で１カ月働いたが精神的にまいってしまい、退職せざるを得なかったことを私に話してくれた。

絵本が好きで、読んであげたいのに、子どもたちが聞く態勢になれない。その背景に、いつも追い立てられ、大人の主導による保育が行われていることに気づく。やらせられている子どもたちは荒れ出し、子どもたちとの関係が歪んでいた。毎朝、打ち合わせもないまま一部の保育士が音頭をとって集会。０歳児から年長児まで一堂に集められ、朝の集会。それは、職員が一堂に集められて朝礼があるためらしい。3歳児担当のAさんは25人の子どもを1人で見なければならない。2人担任なのに、1人は朝の園前の道路で交通整理、昼は打ち合わせで出払い、行事の準備に追われ、ほとんどAさん1人での保育。昼食の後片付けは夕方4時を過ぎることもしばしばであり、大人の主導による保育になり、子どもに寄り添えない。

好きな絵本を読んであげたくても、子どもたちは言うことを聞けない姿がそこにあり、このままでは……と悩み、4月の終わりに退職してしまった。

もう一つの事例、あり得ないことが起きている

2014(平成26)年7月、宇都宮市にある認可外保育施設で宿泊保育中に乳児が死亡した事件。この施設で日常的に子どもをひもで縛るなど虐待が行われていた疑いがあり、就寝中からだの数カ所をひもで縛られ、身動きがとれない赤ちゃんの写真が報道された。体調が悪かった9カ月の女児Aちゃんが放置されて死亡、死因は熱中症による脱水症状だった。この事件が起きる前に、「子どもたちがグルグル巻きにされて保育」されているという告発が市にあり、市は事前通告して立ち入り検査を行った。調査の結果、市は「問題なかった」とした。その後、虐待もあったとして警察が調査している。

量と質の関連、さいたま市の保育、この10年で大きく変化

さいたま市の保育所は、公立は62園から61園に、私立認可園は100園を超え、10年前の3倍となった。一気に増えた背景に待機児童の増加があり、保育所を次々と作ってもなかなか待機児童が解決で

きない状況にある。

こうした中で、さいたま市の保育所では保育士が定着せず、2、3年で辞めてしまう、園によっては5、6人一度に退職してしまうなど、さまざまな問題を抱えるようになった。保育の「市場化」の中でコスト削減と「質」の問題は対立しないという考え方がある。人件費など「保育サービスのコストの高低と質の間に明らかな関連はない」、保育コスト削減（人件費も含めたコストダウン）は質に関係ないとする主張が大手を振っている。実際はどうなのかも含めて背景に何があるのかを分析する必要がある。

さいたま市は保育所確保のために潜在保育士の掘り起こしや研修、見学を計画し動き出しており、さいたま市私立保育園協会としても全面的に協力していきたいと思っている。だが、保育士が保育の現場に立ったとき、やりがいや自己研鑽につながる態勢が保障されているのかを見る必要がある。研修に参加したいが態勢がとれない。親への対応や行事の準備、持ち帰りの仕事など忙しく、仕事が大変なわりには給与が少ない。休みも取りにくい。残業手当もなく、一時金も一般の職場より少ない。保育士が生きがいをもって一生の仕事にできるための総合的な対策をとらなければならない。市内での「保育崩壊」が起きないために、他所で現在起きている「保育崩壊」から学ぶと共に、児童福祉法や保育所保育指針、児童憲章の立場から「質」の問題を考えることが必要である。保育の市場化によってさまざまな経営形態が増えた。それに伴い、量の拡大が質の低下を招き、やがてさまざまな問題を引き起こすことになりかねない。

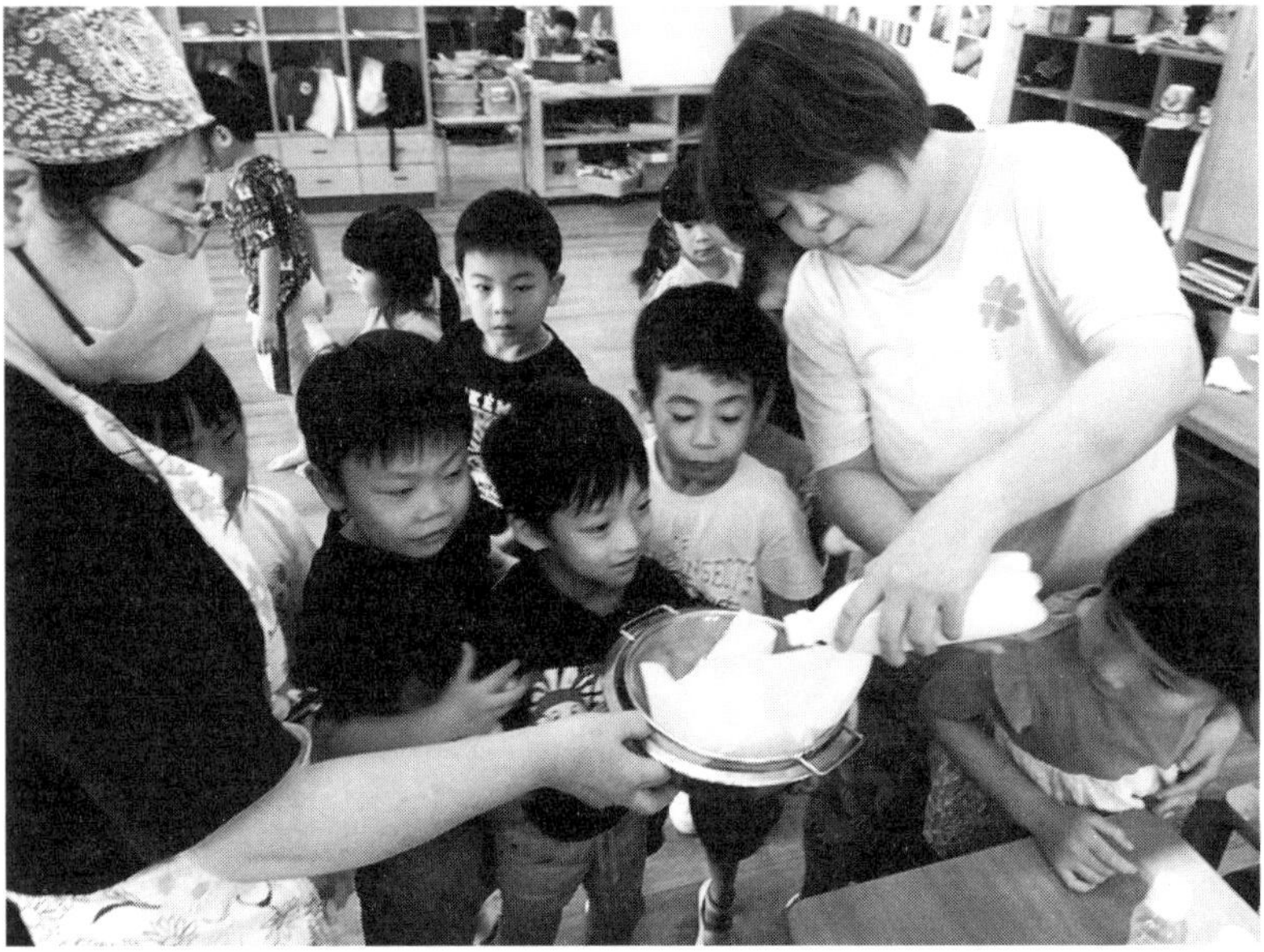

子ども・子育て支援新制度に見る「質」

「子ども・子育て支援法」の基本理念第二条では「子ども・子育て支援は、父母その他の保護者が子育てについての第一義的責任を有するという基本的認識のもとに家庭、学校、地域、職域その他の社会のあらゆる分野におけるすべての構成員が、各々の役割を果たすとともに、相互に協力して行われなければならない」と述べ、第2項で「子ども・子育て支援給付その他の子ども・子育て支援の内容及び水準は、すべての子どもが健やかに成長するように支援するものであって、良質かつ適切なものでなければならない」、そして、給付の質にも言及している。この法律によって、特定教育・保育施設及び特定地域型保育事業を行う施設の種別による保育の質に差があってはならないことはいうまでもない。

保育所が問われる今後の課題

就学前認可施設が一気に増加した。少子化と相まって必ず各園とも「質」の問題が問われる時代がすぐそこにやってきている。企業などから送られてくる営業のダイレクトメールでは「新制度による園経営」「選ばれる保育園経営」「人気のある園づくり」などの文言が目白押しである。もちろん、そこから成功した事例やヒントを学ぶことを否定するつもりはない。ゆるがずに持つべきは自園の理念と方針である。自園の保育の質と現場に立つ保育士の仕事が輝いているかどうか、利用する保護者の信頼を得るための努力を怠っていないか。保育士たちが、保育の内容で語り合い、より良い保育を目指して努力し合える集団があるかどうか、そんな視点で考えてみたい。それが、やがて地域の中にしっかりと根付いていくことになるだろう。

（『みらい』第13号、２０１５年９月）

「教育」「保育」問題について

２０１６（平成28）年１月

２０１６（平成28）年の幕開け、関係者の皆様にこれまでのご指導ご鞭撻に心から感謝すると共に、子どもたちの健やかな育ちを支え、未来に向かって歩むすべての子どもたちが、希望と輝きに満ちたものになることを願います。

子ども・子育て支援法と概念規定

いわゆる「教育」について、いろいろなところで取り上げられるようになりました。全国私立保育園連盟の『保育通信』７２４号（２０１５年8月1日）では「子ども・子育て支援制度と乳幼児期の教育について考える」という特集を組み、「教育」について連載しています。また、保育と教育を分離させようとする動きに対して、地方の保育組織では、保育は養護と教育を包括するものであると市民に知らせることが広がっています。子育て関連3法の中に「学校教育」「教育」「保育」という表現が使われ、その概念規定が明確にされていないために（あえて、明確にしないのかはわかりませんが）、混乱が生じていると指摘せざるを得ません。

幼保連携型認定こども園の教育・保育要領では

２０１４（平成26）年4月30日に告示された「幼保連携型認定こども園教育・保育要領」（以下「要領」）を見ると、そこには「教育及び保育」という表現が随所に出てきます。「教育」と「保育」を併記する背景には「保育を必要とする」児童の格付け、いわゆる1号（4時間の教育）、2号（3歳以上）、3号（3歳未満）という認定に伴う区分があります。認定こども園法は幼保連携型認定こども園における教育及び保育として、就学前の子どもに関する教育、保育等の総合的な提供の推進に関する法律（第1章総則第1）に基づいて設置されています。「要領」の総則第2ではその法的裏付けとして、「各幼保連携型認定こども園（以下「こども園」）においては、教育基本法、児童福祉法及び認定こども園法その他の法令並びにこの幼保連携型認定こども園教育・保育要領の示すところに従い、教育及び保育を一体的に提供」するために「教育及び保育の内容に関する全体的な計画を作成」することを求めています。「こども園」の「教育課程に係る教育時間は、4時間を標準とする」と定め、「要領」総則第3の6では保護者に対する子育て支援について、「こども園」における「教育及び保育の基本及び目標を踏まえ、子どもに対する学校としての教育（傍線引用者）及び児童福祉施設としての保育並びに保護者に対する子育て支援」についてその連携と留意すべき点について述べています（「認定こども園」の保育・教育要領では学校としての教育の表記はこの1カ所だけで、いわゆる「学校教育」「教育」が一人歩きして混乱を引き起こしている）。

保育所保育指針・幼稚園教育要領では

さて、この「要領」の第2章（ねらい及び内容並びに配慮事項）では「教育」と「保育」がどのように扱われているか見てみましょう。この項では教育に関わるものとして「第1　ねらい及び内容（いわゆる5領域）」を指し、「第2　保育の実施上の配慮事項」を「保育」としています。

実は、「保育所保育指針」でも「幼稚園教育要領」でも、教育と保育を区別して表記している箇所はその意味を明確に述べています。幼稚園教育要領では総則の「幼稚園教育の基本」で、学校教育基本法22条（幼稚園教育の目的、幼児の保育、対象年齢など）に規定する目的を達成することを前提としていますが、5領域に関わる「ねらい及び内容」では区別していないのです。そればかりか、保育所保育指針の「保育の内容」ではその前段で、ねらいや内容では保育士が視点を持てるように『養護に関するねらい及び内容』と『教育に関わるねらい及び内容』との両側面から示しているのですが、実際の保育においては養護と教育が一体となって展開させることに留意」するとして、養護と教育について示されています。

私たちは「保育」を養護と教育の概念を含むものとしてとらえ、実践してきました。幼稚園教育要領でも、1948（昭和23）年に「保育要領」として当時の文部省から手引き書的試案として出され、その後一定の基準を示すため「幼稚園教育要領」として定め、その内容は「保育内容」として受け継がれてきました。保育所における「保育所保育指針」でも「保育における『養護』とは、子どもの生命の保持及び情緒の安定を図るために保育士等が行う援助や関わり」であり、『教育』とは、子どもが健やかに成長し、その活動がより豊かに展開されるための発達の援助であり、5領域から構成される」と述べています。この5領域については幼稚園教育要領も認定こども園の保育・教育要領も（一部表記の違いはあるものの）ほぼ同じです。

しかしながら、認定こども園の保育・教育要領では、「教育」や「保育」「学校教育」という表記について、それぞれの概念規定が明確に示されないまま使われており、保育関係者のみならず、幼稚園関係者、保護者の中で混乱を引き起こしています。そればかりか、「教育」と「保育」を分離することで、認定こども園は「教育」、保育園は「保育」と区別し、教育を前面に押し出すことで認定こども園の市民権を得ようとする二重のごまかしの上に成り立っていると言わざるを得ません。あたかも、教育が上で、保育が下であるかのように位置づけようとするならば、「保育」の概念を一方的に歪めてしまうことになりかねません。

「幼児教育の振興について」では

2015（平成27）年5月に「文部科学部会幼児教育小委員会」が「幼児教育の振興について」を発表しました。これは2014（平成26）年7月3日に教育再生実行会議が出した「今後の学制等の在り方について」（第5次提言）と無関係ではなく、幼児教育の無償化と連動するものです。「幼児教育の振興について」では「幼児教育の質の向上」が大きく取り上げられました。具体的には、5歳までに身に付けるべき内容を検討し、小学校との連携を図るために、幼稚園教育要領等の見直しを行うこと、「発達の段階に応じた認知に関わる能力を育むとともに、その後の長期的な成長を支える基礎となるものとして、自尊心、共感性、自立性、感情のコントロール、動機付け、粘り強さ等の非認知的能力を育むことが重要である」、「小学校以降における学習の基礎となる『学びの芽生え』を育む観点から、小学校と連携しながら『アプローチ・カリキュラム』等を編成し、体系的に実施することが重要である」、「『アプローチ・カリキュラム』等の取組を始めとして、幼児教育と小学校教育との接続を円滑に進めるためには、幼児教育と小学校教育の双方について十分な知識や経験を有する教員・保育士等の確保が求められる」とを提言しています。そして、質の向上を図るために「効果的な指導方法及び環境（施設、教材・教具、空間・時間設定等）の在り方」を検討して、「教育研究の枠組み及び手法の構築、実践、評価を行う体制を整備」することも求めています。そして、園に対してはその成果として「幼児教育に関する適正な評価システムの導入」をする仕組みの必要性を強調しています。

「論点整理」の幼児教育の項では

中央教育審議会の教育課程企画特別部会では次期学習指導要領改訂を視野に「論点整理」を発表しました（２０１５〈平成27〉年８月26日）。この中で、幼児教育について次のように述べています。「幼児期は、生涯にわたる人格形成の基礎を培う重要な時期であることを踏まえ、義務教育及びその後の教育の基礎となるものとして、幼児に育成すべき資質・能力を育む観点から、教育目標・内容と指導方法、評価の在り方を一体として検討する必要がある」として「小学校教育との接続を一層強化して

児童福祉法　第24条　第1項

市町村は、この法律及び子ども・子育て支援法の定めるところにより、保護者の労働又は疾病その他事由により、その監護すべき乳児、幼児その他の児童について保育を必要とする場合において、次項に定めるところによるほか、当該児童を保育所（認定こども園法第三条第一項の認定を受けたもの及び同条第十項の規定による公示がされたものを除く。）において保育しなければならない。

（２０２４年 改正）

児童福祉法　第39条　第1項

保育所は、保育を必要とする乳児・幼児を日々保護者の下から通わせて保育を行うことを目的とする施設（利用定員が二十人以上であるものに限り、幼保連携型認定こども園を除く。）とする。

（２０２４年 改正）

学校教育法　第22条

幼稚園は、義務教育及びその後の教育の基礎を培うものとして、幼児を保育し、幼児の健やかな成長のために適当な環境を与えて、その心身の発達を助長することを目的とする。

（２０２４年 改正）

いくことが重要である」。その円滑な接続を支援するために「幼児と児童の交流の推進、指導資料・教材等の開発、幼稚園と小学校の教員の人事交流や教員・行政担当者の研究をはじめとした教員等の資質能力の向上、教育委員会等における幼児教育の推進体制の充実などの条件整備」を求めています。

これを背景にしているのかはわかりませんが、厚労省は2015（平成27）年10月30日付で「保育に関する実態調査」を行いました。この調査は締め切りが11月17日となっており、きわめて短い期間のアンケートです。その内容は、保育課程や指導計画の作成状況、記録の作成、重視する活動内容、5歳児の発達状況（体や自立心、共同性、道徳性、規範意識、思考力、数量・図形・文字、ことば、読み書き能力などに関する能力状況調査）など多岐にわたります。

このような調査は私が知る限り初めてのことです。いわゆる認知能力としての数や言葉、図形など、獲得した能力を数値で評価し、指導法や目標、できたかどうかの評価を行うことになれば、それは小学校への接続というより、小学校教育の下請けになり「人格形成の基礎を養う」のではなく、能力の極端な一部の開発と教え込みに道を開くことになりかねません。

「保育」を法律で見ると

「保育」の法的な位置づけはどうなっているのでしょうか。法律ではご存じのように「保育」は児童福祉法24条1項「市町村は、この法律及び子ども・子育て支援法の定めるところにより、保護者の労働又は疾病その他事由により、その監護すべき乳児、幼児その他の児童について保育を必要とする場合において、次項に定めるところによるほか、当該児童を保育所（認定こども園法第三条第一項の認

定を受けたもの及び同条第十項の規定による公示がされたものを除く。）において保育しなければならない」に出てきます。また、39条では「保育所は、保育を必要とする乳児・幼児を日々保護者の下から通わせて保育を行うことを目的とする施設」としています。幼稚園についての学校教育法22条では「幼稚園は、義務教育及びその後の教育の基礎を培うものとして、幼児を保育（傍線引用者）し、幼児の健やかな成長のために適当な環境を与えて、その心身の発達を助長することを目的とする」として、ここでも「幼児を保育」すると述べています。このように見てくると、保育というのは幼稚園、保育所に共通の概念として使われており、今大事にしなければならないことは「保育」は「教育」を包括する概念としてとらえておくことです。

保育に求められていること

保育に求められているのは、子どもの現状から出発し、子どもの育ちや人格の基礎となる土台を耕すためにどうすれば良いのかを考え、実践の方向を見出し、職員集団で質を高める努力をすることです。乳幼児期の子どもたちは「あそび」を通して発見や情動、人との交わり、怒りや喜び、共同の営みの力を育て、やがてルールや規範意識を育てます。乳幼児期はこの時期固有の大事な育ちが保障されることで、やがて児童期に引き継がれていきます。日々、現場で繰り広げられるあそびを中心とした活動の中で、子どもたちは何を学んでいるのか、何が育っているのか、発達を促す原動力は何かを明らかにしながら、実践を高めていくことが保育所の質を高めることになるのです。保育所、幼稚園、小学校の連携を小学校への準備教育としてとらえることは、乳幼児期の活動の営みを変質させるかもしれません。そのようなことにならないためにも、保育所における保育実践の歴史を学び、保育を振り返って幅の広い保育を築いていくことが求められています。

（『みらい』第14号、２０１６年1月）

新春座談会

子どもと保育――保育に求められる大切なもの

2017（平成29）年1月

社会福祉法人　いなほ会　わらしべ保育園園長　**剣持　浩**
一般社団法人　さいたま市私立保育園協会会長　**木村和孝**
社会福祉法人　みんなぎ　ふらっと保育園園長　**小林宏茂**
社会福祉法人　ひなどり保育園　与野ひなどり保育園園長
社会福祉法人　聖陵会　アーバンみらい東大宮
プライムキッズガーデン園長　**大和田　明子**

（肩書きは当時）

剣持　小さいときの経験と保育の質がきわめて大きな影響を与えていくということがアメリカの研究でも証明されており、私たちは大事な仕事をしているのだと思います。保護者たちの働き方も随分と変わり、子どもたちの育ちがどうなっているのか。そこを出発点に話し合いを進めていきたいと思います。

大和田　保護者の働き方は、ここ20年で正職員ではなく短い時間のパートが多くなっています。しかし、保育園には長くあずけたい保護者も多いため、子どもたちが保育園で過ごす時間は短くはなっていません。卒園した子どもがその後、特別な支援が必要な状況になったことを聞いたときは、具体的にどうしてそのようになったかはわかりませんが、当時の保護者支援について考えさせられることもあります。

剣持　なるほど。保護者の子育てに悩む姿、子どもへの対応の難しさ、子どもを取り巻く社会の現状を含め小林先生はどのようにお考えですか。

小林　私もそうでしたが、私たち大人は、子どもが生まれる前から子育てについてちゃんと学んだ経験を持たないまま子育てを始めているのではないでしょうか。ご自分が育てられたときの経験や、自分で家庭を築き、子どもが生まれる前に手にする育児書などで、自身の子育て観をぼんやりと描いてされている方が多いのではと思います。子育てにとって、何を一番心掛けなければならないか。親として日頃の生活の場での関わり方が子どもの育ちにとってどう影響を与えるのか。親としてきちんと学べる機会が持てるような社会を作り上げることが、私は最優先課題ではないかと考えています。もし、それができたとしたら、日本の家庭や保育の世界が変わり、日本の社会がそれに伴って変容していくように思います。

木村　すごく極端な言い方をすると、保護者の方が保育所をコンビニと間違っているような感覚を持つことがあります。お金を払って自分の子育てを任せる。それは保護者の子育てに対する不安の表れなのかもしれません。やはり、保護者は今、子育てについてすごく悩んでいるのだと思います。それについて保育所の人間としては、専門性をもって対応し、常に学び、そして保護者と共に学んでいかなければいけないと思います。

剣持　大和田先生からもありましたが、ここ20年で親の意識が変わってきています。実はうちの保育園でこんなことがありました。保育料を一番高く払っている保護者に、「うちの子どもと無償であずけている子どもが何故同じ保育なんですか？」と言われたと保育士から報告がありました。僕には初めての経験で、教育・福祉の矛盾の反映でもあると思います。このような親も含め、今、保護者にどのような価値観が生まれ、その中で育っている子どもたちがどのように自己形成していくのか。一つの事例として、２０１６（平成28）年9月の新聞に、日本の高校生の70％以上が自分は駄目な人間だと思っていると載っていました。アメリカや中国は40％前後です。どうしてこのように自信がない子が多いのでしょうか。

木村　それには学校の子どもたちに対する評価の仕方も影響していると思います。順位や成績付けで、子どものことを評価し価値付けをする。テストの点数表を貼り出し、自分はできた、できないというのが簡単にわかってしまい、親もそれによって子どもを褒め、叱る現状もあります。点数が高い子はそんなに多くはありませんから、行き過ぎた競争にしないためにも、全員が１００点を取れるテストを作ることも一つなのかもしれません。保育園では豊かな経験から学び、育っていきます。それが小学校へ上がると、点数化されていって、成績で判断されるようになる。数値ではなく、子どもの育ちを見るということが大切であると思います。

小林　保育と政治はものすごくつながっていますよね。戦後70年の歴史の中で、今年（２０１７年）時点でＧＤＰ（国内総生産）世界3位の地位を築けた原動力はやはり教育だったと思います。その教育は今大きく転換を迫られています。人材をどう育てるかという視点で人を見たときに、これまでの見方を変える必要があることがわかってきました。それは学力のみで測る秤を下に置いて、その子どもの持っている人としての宝や資源を満遍なく伸ばせる教育を行うことが、これからの家庭や社会、そして、世界を変え支えてゆくことになると思います。私たちは、とかくその子の弱い部分や足りない部分に先に目を止めてしまう傾向があります。それよりも、その子の良さが小さくても、それをきちんと受け止め、その子のありのままを温かく穏やかに包み込み受け入れること、それが子育てにとって最も大切であることを自覚できる親であり、保育者でありたいなと思うのです。その人の環境の備えが、生まれる前からはじまり、生まれた後も引き継がれてゆく子育てが、私たちの大人の役割であり責任です。それを総合的に担保できるシステム作りが政治の重要な国づくりとしての役割と責任だと私は考えています。

大和田　今の保護者は子育ての１から10を聞こうとします。言葉で全部が伝えられるわけではないので、それは難しい。子育てには土台があって、そこに経験が積み重なり成長していく。土台がしっかりしていないのに、ピアノや学習塾に通わせ、どんどん積んでいこうとする。子どもはママに褒められたいためにピアノを頑張り、頑張ればママは笑ってくれる。だから保護者にいかに土台が大切かを伝えるのがとても難しいと思います。もっと子どもをよく見てほしくて、お母さんに「子どものいいところ５つ書いてきて」とお願いしたこともありました。

剣持　親としては目に見えるところは追い求める。でもそうではない、人間が生きていくときの土台を私たちは耕しているのだけれども、そこに気付いてほしいという問題がありますね。物差しでは測れない生きる力をとらえ、親に発信していく。大きな課題ですね。

小林　数値では表せないもの。それは人の心、その最たるものが愛情ですね。保育施設で働かせていただくということは、きわめて専門的な役割と責任を伴いますから、まだ、子育てを学ぶ経験を多く持てない保護者の皆様に、何をどのように発信しお伝えできるか。それは、とても大きな保育の使命と責任だと思います。その自覚で生まれる愛情によって、子どもと保護者、保護者と保育者、そして、保育施設でおあずかりする私たちが信頼関係を構築すること、それが、一番大切な保育の専門家としての土台です。そしてその大切さを毎日あずけられる子どもとの生活を通じて、保護者の皆様に誠心誠意をもって発信し、ご支援させていただくことが、私たちの役割であり責任だと思っています。

剣持　保育の現場で専門性を発揮することは、保育の質につながっていくと思います。保育の環境や園長の役割などについて話を進めていきたいと思います。

木村　保育士の先生たちは忙しすぎると思います。自分の頭の中を整理する時間があまりにもなさすぎると感じることがあります。保育の質や専門性を高めるためには、勉強することですよね。保護者と話をする際、余裕をもって発信したいと思っても、短絡的にしか述べられないこともあり、伝えたいことを伝えようとすることが厳しいのではないかと思うことがあります。余裕のある配置態勢を整え、時間を担保してあげることが大切なことであり、同時に自分が園長として、それによって得られる専門性により、子どもが豊かになっていくということを、行政側にも訴えていかなければいけないのではないかと強く思っています。

剣持　なるほど。時間がない、考えるゆとりもないといった働く環境の問題が出されました。大和田先生はいかがですか。

大和田　私は自分が保育園を職場として選んだ理由は、子どもと長い時間を過ごしたいと望んだからです。保育園で働く人たちは、それについては比較的わかっているのではないかという気もします。育ててきた子どもたちへの愛情があるから続けられる。いろいろな考え方があると思いますが、私たちはそうしたいと思って、幼稚園ではなく保育園を選んだわけですから。先生たちは、仕事が大変だなと思ったりすることもいっぱいあると思います。でも子どもと過ごした時間があるからこそ、その子たちを育てていける。だから、お母さんたちもそうだったらいいなと思います。

小林　保育という施設では、愛情を持って子どもたちと信頼関係を作ることができる仕事が与えられています。先ほど、大和田先生の話で、子育ての土台のお話がでましたが、土台がぐらつかないためには、その土台である愛情と信頼、この２つがとても大切だと思います。これがベースにあって、子どもの意欲や好奇心が育ちますし、そこにさまざまな知性が融合し、さらに積み上がってゆくと信じています。

そしてそれを形にするためのキーワードが、「つながる」ということではと考えています。私たちが両腕を広げ、保護者の皆様、保育施設で働かれる皆様、そしていつもご支援いただいている行政の皆様ともよりしっかりつながって、みんなで大きな一つの輪を作る。その作られた輪、つまり愛情と信頼の輪の中で子どもたちがいつも安心して笑顔でいられるように、保育に携わる保育士の皆様がコミットすることが、日本の未来の社会の保育の姿につながると思いますし、私たち自身の保育園をそのような温かい保育園にしようとしっかりコミットすることも私たちには必要だと思いますね。

大和田　本当に保育園が温かい場所であるのが一番だと思います。自分の子どもが卒園したときの写真を見たとき、保育園でこんなに笑っていたのだと思ったら、あずけていたことを幸せだと思いましたし、同じように子どもたちにも、保護者にも感じてもらえるような経験を保育園でたくさんしてもらえるといいなと思います。

剣持　有意義な話し合いができたと思います。今年も良い年でありますように。ありがとうございました。

一同　ありがとうございました。

（『みらい』第16号、２０１７年1月）

改訂「保育所保育指針」を読む

2017（平成29）年7月

2017（平成29）年3月31日に厚労省から新しい「保育所保育指針」（以下「指針」）が告示された。前回は2006（平成20）年3月、10年ぶりの改訂となる。

「指針」は通達から告示化され、保育所の役割をはじめとして保育の内容や子どもの発達観、子ども像や親支援までその方向を示している。いわば、保育所保育における基本的な観点を展開しているものである。「指針」は1999（平成11）年、2008（平成20）年そして今回の改訂とつながるが、時代と共に「指針」の記述が変化してきた。

1999年の改訂は

1999年の改訂では検討委員会に次の事項が設定され諮問された。その内容は以下である。「家庭の子育て機能の低下」、「保育姿勢（固定的な男女の役割分業意識の押しつけ、体罰）の検討」、「年齢区分が乳幼児の発達を考慮したものになっているか」、「保育内容は最近の乳幼児の発達を考慮したものであるか」、「一時保育、延長保育を指針にどう盛り込むか」、「地域の子育て支援の扱い、どう指針に位置づけるか」、「改訂された幼稚園教育要領との整合性」、「ＳＩＤＳ（乳幼児突然死症候群）やアトピーなど、子どもの健康安全にどう配慮するか」。

このとき「子どもの権利条約」をすで日本が批准していた（１９９４年）こともあり、指針の総則に「乳幼児の最善の利益を考慮」すると明記された。また、家庭の子育て機能の低下という状況に鑑み、保育所の役割について、地域住民に情報の提供、相談助言、地域における子育て支援の役割を明記した。このときの「指針」はその後の改訂の骨格となっていると考える。補足すれば、当時の保育所保育指針検討小委員会委員長であった石井哲夫氏は『保育所保育指針の解説』（日本保育協会編集・発行、１９９９年）前文で保育所の問題点を、公的委託事業になったこと、保育者が分離的であったことから保育者の権威化をもたらしたこと、保育の均質化により子どもに対して集団参加の強要や集団を一斉に動かす保育が強まったこと、限定的な保育所保育の内容により子どもの生活全体の援助や家庭への支援が弱かったことと指摘している。

この「指針」は13章で構成されており、各年齢の保育内容が「発達の主な特徴」「保育士の姿勢と関わりの視点」「ねらい」「内容」「配慮事項」というように、大変きめ細かに記述されており、石井氏が指摘しているように保育所を家庭養育の補完的な役割に限定せず、地域の子育てに対する養育支援・育児支援（「指針」では「地域における子育て支援」）として保育所の役割を明確にした。

２００８年の改訂では

２００８（平成20）年３月の改訂では、保育所の役割、保育所の社会的責任について述べており、子どもの発達過程は前回より簡潔にまとめながらも、幼稚園教育要領との整合性を図るために、共通の記載となった。

総則では「（１）保育所の役割」がある。

（ア）保育所は、児童福祉法（１９４７〈昭和22〉年法律第１６４号）第39条の規定に基づき、保育に欠ける子どもの保育を行い、その健全な心身の発達を図ることを目的とする児童福祉施設であり、入所する子どもの最善の利益を考慮し、その福祉を積極的に増進することに最もふさわしい生活の場でなければならない。

（イ）保育所は、その目的を達成するために、保育に関する専門性を有する職員が、家庭との緊密な連携の下に、子どもの状況や発達過程を踏まえ、保育所における環境を通して、養護及び教育を一体的に行うことを特性としている。

（ウ）保育所は、入所する子どもを保育するとともに、家庭や地域の様々な社会資源との連携を図りながら、入所する子どもの保護者に対する支援及び地域の子育て家庭に対する支援等を行う役割を担うものである。

（エ）保育所における保育士は、児童福祉法第18条の４の規定を踏まえ、保育所の役割及び機能が適切に発揮されるように、倫理観に裏付けられた専門的知識、技術及び判断をもって、子どもを保育するとともに、子どもの保護者に対する保育に関する指導を行うものである。

第2章の「子どもの発達」では前回の1999年改訂の「指針」の厳格な発達区分を改め「おおむね△歳」と表記し、簡潔にまとめられている。しかし、前回の「指針」にあった「保育士の姿勢と関わりの視点」は消えている。章立ても13章立てから7章立てへとコンパクトになった。

2017年の改訂

今回の改訂で章立ては7章から5章へさらにコンパクトにまとめられた。なにが変わったのだろうか。

①「保育の内容」は3歳未満児と幼児を区別し3歳未満児の記述については乳児と、1歳以上3歳未満児としてまとめている。0歳から就学前までの発達過程は2008年改訂の「指針」を振り返ってみてもわかるように、発達過程を3歳未満児と幼児とを区別することなく、発達を連続的にとらえて、養護と教育を一体的にとらえて「保育」という概念で展開されてきた。このたびの改訂の大きな変更は、総則の「保育所の役割」の中で、これまでと同じように「養護と教育を一体的に行う」としながら、実際の記述では、養護と教育の分離に着手したと言える。これは委員会でも議論になったようだが、制度変更に伴う小規模保育に配慮するということも背景にあるようだ。しかし、施設や制度によって「指針」が変更されることについては、「指針」をどう考えるかという検討も必要である。

②さらに、総則の4の項で「幼児教育を行う施設として共有すべき事項」が新しく書き加えられた。

「育みたい資質・能力」では「知識及び技能の基礎」「思考力、判断力、表現力の基礎」「学びに向かう力、人間性等」としている。

③「幼児期の終わりまでに育ってほしい姿」が加筆され「健康な心と体」「自立心」「協同性」「道徳性、規範意識の芽生え」「社会生活との関わり」「思考力の芽生え」「自然との関わり・生命尊重」「数量や図形標識や文字などへの関心感覚」「言葉による伝え合い」「豊かな感性と表現」など10項目が掲げられた。

④小学校との連携については「小学校教育が円滑に行われるよう」「幼児期の終わりまでに育ってほしい姿」を共有するなどの連携を図ることとしている。

このように、小学校への接続が具体化され「育ってほしい姿」がなぜ明記されることになったのか。それは中教審教育部会の動きと無関係ではない。幼稚園、小中高の学習指導要領改訂に向けて、2014（平成26）年11月の中教審諮問にはじまり、2015（平成27）年の論点整理、2016（平成28）年の審議まとめ、2017（平成29）年改訂という動きと連動していた。幼稚園、小学校、中学校学習指導要領の改訂についての文科省の通知（2017年3月31日）の中で〝「何ができるようになるか」を明確化〟し、「①知識及び技能、②思考力、判断力、表現力等、③学びに向かう力、人間性」の3つの柱で整理した、としている。これまで、文科省から保育については到達目標がなく、数値化もされない、これでいいのかという意見が出されていた。通知が示した幼稚園における主な改善事項と「指針」とは見事に重なっている。

今回の「指針」改訂はこれまでとは明らかに違う内容で、今後現場には混乱をもたらすかもしれない。これまでは、保育する側と子どもたちが一体感を持ちながら自分という価値、自己形成が育まれるように保育が創造されてきた。健全な心身の発達は友だちとの交わり、あそびで展開される。そうした発見や学びが、「何ができるようになるか」「望ましい姿」という就学前教育に矮小化される恐れはないだろうか。このことを指摘しておきたい。

（『みらい』第17号、2017年7月）

保育所保育指針、幼稚園教育要領改訂と保育課題

２０１８（平成30）年１月

２０１８年を迎え、指針の施行前に

２０１８（平成30）年が幕を開けました。さいたま市私立保育園協会にとっても新しい課題のはじまりです。今年もよろしくお願いいたします。

さて、『みらい』第17号で、保育所保育指針（以下「指針」）１９９９年、２００８年の改訂と２０１７（平成29）年の改訂の変遷とその内容について述べました。先の稿で触れませんでしたが、最初の指針は１９６５（昭和40）年に初めて通知され、今回で４回目の改訂となります。「指針」は保育所のガイドラインとして、また、保育所にとっては保育内容の最低基準としての役割を担ってきました。今回の改訂（以下「新指針」）の内容についてはすでに研修や通達で把握されていることと思います。今

2018年4月からの施行に関わって、「指針」が意図することと私たちの保育課題についてまとめておきたいと思います。

保育所の福祉としての役割と子どもの発達を保障する

戦後、幼稚園が学校教育法に定めた教育施設として歩み出し、保育所が児童福祉施設としての役割を担ってきました。2015（平成27）年に子ども・子育て支援法の成立により新たに認定こども園がつくられ、それぞれ文科省、厚労省、内閣府による3つの就学前施設が存在するようになりました。認定こども園は、就学前の保育が幼稚園と保育所という2つの施設を統一する方向を模索してきた過程の産物でもあります。

保育所は児童福祉法及び児童福祉施設最低基準（1948〈昭和23〉年、厚生省令63号）によって保育環境の基準や保育に従事する者の保育所保育の質を担保しています。また、保育所保育指針にはすべての子どもの最善の利益のために、保育所が行うべき保育の内容についての基本的事項が述べられており、保育所における一定の水準を保つための役割を果たしてきました。今回の指針の改訂は、保育現場にどのような役割を果たすのでしょうか。

今回の改訂、幼稚園教育要領では

新しい幼稚園教育要領の前文で「（教育基本法）第2条に掲げる次の目標を達成するよう行われなければならない」として基本法2条を引用し、「1　幅広い知識と教養を身に付け〔…〕豊かな情操と道徳心を培う〔…〕、２〔…〕能力を伸ばし〔…〕、３　正義と責任〔…〕、４〔…〕生命を尊び〔…〕、５　伝統と文化を尊重〔…〕」すると述べています。「必要な教育の在り方を具体化するのが、各幼稚園において教育の内容等を組織的かつ計画的に組み立てた教育課程」であり、「幼稚園における教育水準を全国的に確保」するものとして、その充実のために要領が果たす役割を強調しています。第１章では「幼児期の終わりまでに育ってほしい姿」が10項目にわたって述べられており、「幼児の幼稚園修了時の具体的な姿であり、教師が指導を行う際に考慮」するべきだとしています。

そして、新たに「評価」が加えられました。総則第４では、教育課程に基づく指導の過程を振り返りながら、課程についての評価を適切に行い、その評価に沿って指導課程の改善を図ることが求められています。評価の実施に伴う視点は、幼児の理解と可能性を踏まえることや評価の信頼性を高めることや次年度、あるいは小学校への引き継ぎを円滑に進められるようにと述べています。第２章「ねらい及び内容」でも「幼児期の終わりまでに育ってほしい姿」が「ねらい及び内容に基づく活動全体を通して資質・能力が育まれている幼児の幼稚園修了時の具体的な姿であることを踏まえ、指導を行う際に考慮するものとする」としています。

このように、幼稚園教育要領改訂はこれまでの要領と大きく変わり、指導する側つまり教師の果たす役割が「10の育ってほしい姿」に照らしてどうかと「評価」が問われる形で幼児教育が展開されることになるでしょう。

幼稚園教育要領　前文冒頭部分

（2017年 改訂）

教育は、教育基本法第1条に定めるとおり、人格の完成を目指し、平和で民主的な国家及び社会の形成者として必要な資質を備えた心身ともに健康な国民の育成を期すという目的のもと、同法第2条に掲げる次の目標を達成するよう行なわれなければならない。

1　幅広い知識と教養を身に付け、真理を求める態度を養い、豊かな情操と道徳心を培うとともに、健やかな身体を養うこと。

2　個人の価値を尊重して、その能力を伸ばし、創造性を培い、自主及び自律の精神を養うとともに、職業及び生活との関連を重視し、勤労を重んずる態度を養うこと。

3　正義と責任、男女の平等、自他の敬愛と協力を重んずるとともに、公共の精神に基づき、主体的に社会の形成に参画し、その発展に寄与する態度を養うこと。

4　生命を尊び、自然を大切にし、環境の保全に寄与する態度を養うこと。

5　伝統と文化を尊重し、それらをはぐくんできた我が国と郷土を愛するとともに、他国を尊重し、国際社会の平和と発展に寄与する態度を養うこと。

保育所保育指針と保育

幼稚園教育要領は1号認定の子どもを対象とした「要領」です。今回の保育所保育指針の改訂の大きな特徴は2号認定及び3号認定の子どもを対象としたものに分けられたことです（1号は教育だけを受ける子ども、2号は満3歳保育認定、3号は3歳未満保育認定）。これまでの指針では0歳から6歳まで連続した発達を踏まえ、各年齢の発達の特性を理解して、子どもの発達の道筋と保育所での生活の連続性を配慮して養護と教育としての保育としてきました。発達過程を8つに区分し、保育士が機械的に発達を評価しないように「おおむね△歳児」というタイトルで記述されました。新指針ではこの記述が割愛されました。

保育の内容は大きく変わりました。「乳児保育に関わるねらい及び内容」「1歳以上3歳未満児の保育に関わるねらい及び内容」「3歳以上児の保育に関するねらい及び内容」の3つに分類されたことです。旧指針では「ねらい及び内容」の表記は「動かす」「生活する」「自分でする」としていました。それが新指針では「意欲が育つようにすること」「気持ちが育つようにすること」など「△△すること」という表現に変わりました。この表現は〝こうあらねばならない〟〝こうしなければならない〟と強調しています。このように「△△すること」と断定した記述をすることで、保育士は一方的な対応に追われてしまうのではないかと危惧します。保育士が、子どもの育ちを見るとき、子どもが何に気づいて、何をしようとしているのかを読み取りながら、柔軟に対応できる幅広い保育観と子ども観が必要であり、子どもの気持ちをくみ取りながらどう援助していくかが必要です。小学校との連携は旧指針でも触れられていましたが、新指針では「幼児期の終わりまでに育ってほしい姿」を小学校と連携しながら共有し接続することを強調しています。

「幼児期までに育ってほしい姿」と「教育」

幼稚園教育要領でも最初の総則で「姿」が記述されています。保育所保育新指針でも第1章、総則の4「幼児教育を行う施設として共有すべき事項」の中で触れられているのですが、その内容は「健康な心と体」「自立心」「協同性」「道徳性・規範意識の芽生え」などの10項目です。今回の改訂の底辺に流れる一貫した視点として見て良いでしょう。幼稚園教育要領のところで触れましたが、小学校へつなぐための「姿」に照らし、保育の中でどれだけ到達できたかという「評価」が求められるようになります。保育課程及び指導計画でも「評価」が強調され、それが子どもの「評価」につながっていくのではないでしょうか。

２０１７年3月31日、文部科学事務次官名で学校教育法、幼稚園・小学校・中学校の教育要領などの改正の告示について公示する通知を出しています。その中で「一、改正の概要」として、「今回の教育課程の改善の基本的な考え方」は次のようなものだと述べています。「子供たちに求められる資質・能力とは何かを社会と共有し、連携する『社会に開かれた教育課程』を重視したこと。知識及び技能の習得と思考力、判断力、表現力等の育成のバランスを重視する現行学習指導要領の枠組みや教育内容を維持した上で、知識の理解の質をさらに高め、確かな学力を育成することとしたこと。〔…〕道徳教育の充実や体験活動の重視、体育・健康に関する指導の充実により、豊かな心や健やかな体を育成することとしたこと」。「何のために学ぶのか」という意義を共有し、教科の目標を整理したことを述べた上で、「幼稚園における主な改善事項」として「知識及び技能の基礎」、「思考力、判断力、表現力等の基礎」、「学びに向かう力、人間性等」を明確にしたとしています。さらに「5歳児修了時までに育ってほしい具体的な姿を『幼児期の終わりまでに育ってほしい姿』として明確にした」と述べています。そして「幼稚園において、我が国や地域社会における様々な文化や伝統に親しむなど、教育内容の充実を図った」と強調しています。

これまで見てきたように、新指針改訂は文科省の進める小中学習指導要領、幼稚園教育要領の改訂ときわめて密接な関係の中で進められたのです。「教育」視点で保育が実施されたとき、「能力」や「知識」や「技能」という3つの側面で子どもを見ることで、子どもの全体をとらえることができるのでしょうか。

広く子どもの可能性を信じて

子どもの貧困化、虐待などどれをとっても、子ども時代を豊かに育っていく社会的環境にはありません。こうした社会的状況に応えた新指針となるのか、あらためて考えてみる必要があるのではないでしょうか。虐待された子どもは家庭の温もりを体験できず、「家族を大切にしようとする気持ちを持つ」ことができるでしょうか。親の収入によって学力や健康に格差が生まれている現実は子どもに「自分の力で行うために考えたり工夫したりしながら、諦めずにやり遂げることで達成感を味わう」ことをもたらすでしょうか。朝食抜きの家庭が増え、夜型生活で基本的生活習慣のリズムが破壊されている中で、「心と体を十分に働かせ、見通しを持って行動し、自ら健康で安全な生活を作り出す」

ことができるのでしょうか。

児童福祉法（1947〈昭和22〉年）は「児童が心身ともに健やかに生まれ、且つ、育成されるよう努めなければならない」とし「すべての児童は、ひとしくその生活を保障され、愛護されなければならない」（第1条*）としています。児童憲章（1951〈昭和26〉年）では「児童は、人として尊ばれる。児童は、社会の一員として重んぜられる。児童は、良い環境の中で育てられる」として、12項目にわたって果たさなければならない目標が掲げられています。国が定めた法律と憲章の観点で、今回の新指針を考えてみることも必要でしょう。子どもの成長・発達を保障するために、私たち現場の保育者の果たす役割はきわめて大きいといえます。子ども一人一人の無限の可能性を信じて保育実践を深めていきたいものです。

*児童福祉法は本稿執筆後の2020年（令和2年）改正され、第1条は次のようになっています。
第1条　全て児童は、児童の権利に関する条約の精神にのつとり、適切に養育されること、その生活を保障されること、愛され、保護されること、その心身の健やかな成長及び発達並びにその自立が図られることその他の福祉を等しく保障される権利を有する。

（『みらい』第18号、2018年1月号）

未来を担う子どもたちのために！　今、皆様に伝えたいこと

2021（令和3）年2月

ソーシャルディスタンス、新しい生活様式、一斉休校、登園自粛……新型コロナに関わる問題が2020（令和2）年3月末から一気に日本を覆いました。半年過ぎましたが、冬にはインフルエンザとコロナ感染症の区別がつきにくいことで、あらたな問題が危惧されます。

この間、保育園をめぐって何が起こったか、そこからなにが見えてきたか触れてみたいと思います。

保護者が、新型コロナで発見したこと

2020年4月7日、緊急事態宣言が発令され、保育園は感染防止のため「登園自粛」を要請されました。東京の区部では休園にしたところもあります。さいたま市は5月末まで、約2カ月近く登園

自粛が続くことになりました。こうしたことは日本の保育園の歴史始まって以来、初めてのことです。自粛期間中、わらしべ保育園では120人の定員の中で、病院関係者や生活維持に必須の職種に従事する人は保育園を利用せざるを得ませんでした。25人から30人の子どもたちが毎日登園していました。約25%です。この数字は他の保育園のさいたま市の調査でもほぼ同じ比率でした。

さて、この自粛期間中、家庭ではいつもと違う生活が生まれました。保護者が次のように書いてきました。

「……コロナに対しての怖さがわかるようで、また、大人がかかりやすいというのがわかっているのか、私に『ママはおばあちゃんになっちゃう?』『おばあちゃんにならないで』『ぼくずーっとパパとママといっしょにいるからね』と涙することもありました」

子どもなりにいつもと違う不安や戸惑いの中にいます。毎日報道されるコロナニュースと感染者の増加と共に、高齢者の死亡率が高いことを知り、子どもも〝死〟をより身近に受け止めたのでしょう。

自粛生活の中で新たな発見をした方もいます。

「長い時間一緒に過ごすことがなかったので、幸せな時間でもありました。甘え、怒り、兄へのあこがれなどがわかり、密な1カ月でした」

「一日家にいるのは限界、外あそびの重要性がわかりました」

「上の子と下の子とこんなに違うことを発見しました」

「家で一日中なんて無理!と思っていたが慣れはスゴイ。もう大丈夫。笑顔が増えました」

大変だったこともありました。「テレワーク」の保護者は、日中は子どもの面倒を見て、子どもが寝た後、夜中の12時から3時頃まで仕事。日本の労働者は厳しい状況に置かれました。

「子どもが寝付いて0時から3時ぐらいに仕事、これが大変でした」

「下の階から苦情がきて困りました」

「家では泣いてばかり、ストレス最高、家の前が私道なので外で遊べて本当に助かりました」

「自粛になって、これまでなかったオネショが続きました」

それぞれ、さまざまな発見をする機会になりました。

保育園から発信

２０２０年4月、新学期が始まってつかの間、登園自粛になったため、保育園と保護者や子どもたちとの関係づくりが課題となりました。保育園から子どもたち向けに、踊りや絵本の紹介、メッセージなどをＳＮＳで発信し、子どもたちも保護者にも大好評でした。また、3月に卒園した子どもたちは、新しい生活に胸を膨らませていたのに学校が休校になり入学式もできず、2カ月にわたって登校できませんでした。私たちは保育園のホームページで卒園生へメッセージを送りました。その中で、職員の姿を見て懐かしくて泣いた子どももいたようです。

日々の保育、コロナ以前は

保育の現場は、子どもたちの安全に気配りしながら、あそびの環境に配慮し、時期によって玩具の入れ替えをしたり、子どもの成長・発達に合わせた整備を行っています。日々の仕事、保育の記録、保護者への伝え合い、一日の生活のドキュメーション（記録）作成、打ち合わせなどに追われます。

遊ぶところと食べるところ、午睡するところが一つの部屋で行われる（子ども一人当たり0、1歳児は3・3平米、2歳児以上は1・98平米）ため、きわめて劣悪な環境といえるでしょう。こうした保育所設置基準が子どもたちと保育士のゆとりを奪っているのです。3歳未満児クラスは食事中も食後も周りはご飯粒だらけになります。机の上から椅子、床まで散らかっているので後片付けが大変です。食べ終わった子どもたちの管理や排せつの介助、午睡の準備と息つく暇もありません。

子どもたちが寝付くと子どもの個別ノートへ記入、睡眠チェック、記録や打ち合わせなど、休憩が取れない現状です。先日、私たちの保育所に対して市の監査があり、点検表の「職員に休憩を与えていますか？」の項目で「いいえ」に○をつけました。「与えないといけません」と指摘されましたが、「現在の基準では休憩をとる条件が保障されていません」と申し上げました。監査指導課は「そうですね、ほかの保育園でも同じ状況です」と話していました。平均勤続年数12年以上の保育園には、フリー保育士の配置ができるようにチーム保育加算（1人）がありますが、これでは管理運営上の格差を生んでしまいます。子どもの人数に応じて、フリーの保育士を配置できるようにすることが必要です。

コロナ禍自粛で、保育士は

0歳児の担任は「日頃、子どもの生活リズムに合わせて、保育をしているので、子ども3人に保育士1人でも大変です。食事の介助や排泄の処理、職員から離れられない子どもには抱っこやおんぶ、ミルクの準備や食事の片付け、昼寝の準備と目が回る忙しさです。今回の自粛で子どもの人数が少なく、対応に追われることもなく一人一人にゆったりと関われました。そして、慌ただしい日々と違い、休憩も取れてゆったりとした気持ちで保育できました」と語っています。

1歳児クラスや2歳児クラスでは「子ども一人一人の姿をよく見ることができた。食事、排泄、着脱などさまざまな場面で丁寧に関わることができた。保育にも自分自身の心にも余裕ができて子どもに向き合える時間が増えた。子どもの小さなことにも気づくことができた。ミーティングや保育の振り返り、後日の保育準備も、事務作業も就業時間内にできたことは大きい」と述べています。

幼児クラスでは「発達につまずきのある子どもや気になる子どもに多くの時間を割き、しっかりと関わることができたこと、余裕があることで今まで気づかなかった視点で見つめ直すことができたこと、子どもの新しい発見ができた」と、述べています。

余裕を持って子どもと向き合うことが豊かに展開されれば、保育の質は高められます。

このように、新型コロナ問題は登園自粛により、日頃の保育を根底から見直すきっかけを与えてくれました。後ほどふれますが、ＯＥＣＤ（経済開発協力機構）加盟37カ国の中で、日本の保育の最低基準はきわめて劣悪な環境にあります。その中で、私たちは今、保育の質を高めるために、人的配置を含めた保育所の設置基準を改めて見直すべきときです。すでに、小中学校の関係者の中からはクラスあたりの定員見直しの声が上がってきました。新型コロナは保育、教育の環境を見直すきっかけを、私たちに与えてくれました。

保育園に求められていること

わらしべ保育園の4・5歳児クラスは、各クラス25人の定員で保育していますが、ここ3年、各クラス2人の正職員を配置しています（設置基準では4・5歳児30人に対して1人以上の保育士を配置することになっています）。この配置にしたわけは、第一に気になる子や発達障害の子どもがここ数年増加していることです。小学校でも2012（平成24）年の調査で6・5%いるといわれています。

さて、この登園自粛は新たな問題を提起しました。保育園設置基準の最低基準です。4・5歳児は30対1、3歳児20対1の配置は諸外国に比べて大変劣悪で、まさに保育の貧困が明らかになりました。各年齢の児童数が4分の1

ぐらいになったことで、これまで経験したことがない、行き届いた手厚い保育ができたことです。職員はこの違いに多くのことを学びました。

児童福祉法ができて70年、最低基準は改善されることなく今日に至ります。「有事」を想定した緊急事態に対応する法改正、憲法改正などと言っている場合ではないのです。子どもたちが大切にされていない現状に怒らなければなりません。今すぐにでも、日本の保育所、学校の生活と学びの環境を改善することが必要です。

今から35年ほど前に、私が属する教育団体で北欧とヨーロッパ（イギリス、フランス）の技術教育と保育実情の視察研修を行いました。イギリスの小学校に併設する保育所を視察したとき、芝生のグラウンド、広い部屋、保育士１人に子どもが12～13人と、日本の保育とは雲泥の差でした。

保育園は子どもたち一人一人に、寄り添った保育と豊かな体験を保障する場でなければなりません。劣悪な保育環境を改善しないばかりか、園庭がなくてもビルの一室でも認可される現状、待機児童解消の一環として、小規模保育室（２歳まで）を拡大し、３歳児になれば追い出されて、行き場を失う子どもたち、こうした行き当たりばったりの政策を身近に見ると、日本は子どもを大切にしない国と言わざるを得ません。コロナ後を見据え、未来を担う子どもたちのために、今私たちがすべきこと、それは保育関係者が現状を憂えるだけではなく、より良い保育環境を保障するために、手を取り合うことです。

（『みらい』第23号、２０２１年２月）

第3章

子どもを人としてとらえるために
──社会に目を向ける

目まぐるしく変わっていく世の中にあって、子どもを人としてとらえて保育をしていきたいという思いは、変わらずにあります。わらしべ保育園の父母の会会報などに寄せたメッセージをまとめました。

母が私に残したもの

この原稿が皆さんのお手元に届く頃、東北は雪に覆われます。根雪の時期に一面真っ白になり、夜に街灯の下で上を見上げると、舞い降りる雪が輝きながら静かにおちてきます。目を凝らして見ているると、自分が空に舞い上がっていく錯覚を覚えます。空を飛ぶ夢をよく見ましたが、この体験がきっかけかもしれません。ちいさいときの不思議な体験でした。

小学校に入学したのは戦後間もない頃で、物資が乏しく貧しいときでした。そんな時代だったので、母が南京袋《なんきん》(穀類を入れる麻でつくった丈夫な袋)を利用して上靴入れをつくってくれました。袋には「ちびくろさんぼ」の刺繍《ししゅう》がしてあります。つくるようすを見ていたので、でき上がったときは大変うれしくて喜びました。入学式の日、ランドセルを担いで母がつくったその靴入れを手に持って行きました。ランドセルを肩に、靴入れを持って胸を張って入場したとき、まわりから笑いが起こりました。私は、なぜ笑われているのかわかりませんでした。その日は入学式なので何も持って行かなくてよかったのです。私はそんなことは知るよしもありませんでした。父は「学校に入るのだからランドセルを持って行くのは当然、笑うほうがおかしい」と言いました。私は何も変だと思わないし、父の言うとおりだと思いました。

その後のことです。入学式で目立ったのでしょうか。上級生が靴入れの袋を乱暴に奪い、遠くに投げ捨ててしまいました。母がつくったものを乱暴にされたことへの怒りと、母への思いに泣きながら立ち向かいました。この靴入れをボロボロになるまで使った記憶があります。物の大切さを母は教えてくれたのかなと思います。

読んでもらった絵本も大切な想い出です。今のように絵本が豊富にある時代ではなく、山形の田舎で暮らしていたので、『ちいさいおうち』『しあわせの王子』『フランダースの犬』の絵本を手に入れるのもむずかしかったと思います。この絵本は何度も読んでもらいました。母は、私の催促を嫌がらずに寝る前には必ず読んでくれました。ちいさいおうちが四季の変化と共に生きているように描かれたお話は、最後に自然に戻ったときの安堵《あんど》感を与えてくれ、ツバメと王子が貧しい子どもたちのために働く姿と、やがて王子の足元で死を迎えるツバメ、素直に生きる少年ネロと犬の悲しいお話に何度も涙を流したものです。

冬になるとシンシンと雪が降り、石油ストーブなどはまだなく、コタツが欠かせません。母のひざに入り込んでぬくもりを感じながら絵本を読んでもらったこと、戦争中の怖い体験もよく語ってくれたのを覚えています。

今は亡き母が何を伝えようとしたのでしょうか。自分の性格形成や生き方に大きな影響を与えたことは間違いありません。言葉での教育ではなく、人として大事なものを伝えようとしたのでしょう。今、自分の原点はそこにあるように思います。

『ちいさいなかま』（2013年2月号）

「東日本大震災放射能問題と双葉町支援講演会」を企画して

2012（平成24）年2月

新しい年を迎えましたが、被害に遭われた方々は仮設住宅での生活を余儀なくされ震災の痛手から立ち直るまでに至っていません。瓦礫の処分先も決まらず、復興の見通しは未だ立っていません。東日本大震災で被害に遭われた方々の一日も早い復興と、亡くなられた多く方々に心よりお悔やみを申しあげます。

さいたま市私立保育園協会は、2011（平成23）年9月10日、「東日本大震災放射能問題と双葉町支援講演会」を企画、開催しました。なぜこのようなものを企画したのか、ご報告したいと思います。

講演会開催のきっかけ

2011年5月のことです。人材紹介・人材派遣の株式会社アスカから、「あの日、双葉町まどか保育園でおきたこと」という講演会の案内が届きました。講演会の場所は群馬県高崎市でした。私が住むさいたま市浦和区からは遠かったのですが、出かけることにしました。私は、なぜ人材派遣会社がこのような講演会を企画したのか、また、あの震災で保育園がどのように子どもたちの命を守ったのかを知ることができるという気持ちで参加しました。

私自身、保育という仕事柄、まどか保育園副園長・桜本《まつもと》洋子先生のお話は身に迫るものでした。映像で見るのと実体験を聞くのとでは大分違うのに驚き、その落差を知りました。そして、ここで終わりにせず、一人でも多くの方々に知らせることが求められているのではないかと考え、多くの人、保育関係者や保護者に「実際に起こったこと」を聞く機会をつくりたいと思いました。

埼玉県内では

震災後、テレビは連日津波が押し寄せる映像を流し、福島第一原発の爆発の瞬間を放映し、見る者に不安と恐怖と戸惑いを与えました。原発の崩壊によってすぐ近くの福島県双葉町、浪江町、大熊町、富岡町、南相馬市は避難を開始、双葉町の被災住民は役場の機能ごと、私たちが住むさいたま市のさいたまスーパーアリーナに避難してきました。まどか保育園の子どもたちも、3月に卒園式をここで行いました。そして現在、埼玉県加須《かぞ》市の旧・県立騎西高校校舎で避難生活を余儀なくされています。

放射能問題は埼玉県内でもホットスポットが見つかり、保育施設、学校のプール、水や食料など、心配な問題が浮上してきているときでした。そこで、双葉町の唯一の保育園、社会福祉法人恵眞会まどか保育園で起きたことと放射能問題、この2つの柱で講演会を開くことにしました。

双葉町井戸川町長とお会いして

講演会は避難している双葉町の子どもたちへの支援も盛り込んで開催することにしました。そのご案内のために、井戸川克隆・双葉町町長を訪問しました。

町長は「私の時計は3月11日で止まっています」と述べ、訪問したその日の新聞記事を紹介してくださいました。町長の「原発は安全だ、事故は絶対起きないようになっている、クリーンなエネルギーで安心と、先輩たちは国や東電の話を信じてきた。住めなくなることは約束していない。そして、誰も責任をとらない。なんとしても帰りたい。そして早く3月12日から時を動かしたい」という苦渋に満ちたお話を伺いながら、双葉町の子どもたちの支援のためにも講演会を成功させなければと思いました。町長は、快く講演会に参加してくださることになりました。

会場は満杯

埼玉県、さいたま市をはじめ、県内の保育団体、埼玉県商工会議所、埼玉新聞社、テレビ埼玉、さいたま市私立幼稚園協会など幅広い多くの団体から後援を得て、そして前出のアスカには協賛をいただくなど、さまざまな協力をいただきました。

9月10日開催当日、会場のさいたま市民会館「うらわホール」は５００人近い参加者で満杯となりました。清水勇人・さいたま市長も駆けつけてくださり、挨拶の中で、この震災で亡くなられた方々のご冥福をお祈りするとともに、双葉町の避難先スーパーアリーナへ支援のために多くの職員を派遣したこと、また放射線測定器を購入し、必要なところへ貸し出しできるようにしたことなど、報告され、市の方針を理解する場にもなりました。

まどか保育園副園長　粭本洋子先生のお話

粭本先生は、希望と複雑な気持ちを込めて、次のように訴えられました。

あの日、これまで経験したことのない大きな揺れ、園舎に隣接する本堂の鐘撞き堂がつぶれ、本堂は今にも崩れそうな状況下で、津波の危険が迫っていると判断し、子どもたちを高台へ避難させました。子どもたちは、あれだけ大きな揺れにもかかわらず、日頃の避難訓練のおかげで、とても冷静に行動しました。しかし、その後に起こった福島第一原発の爆発事故によって、事態は急変しました。

私たちの町には福島第一原発があり、3月15日に爆発し、避難所での生活が始まったばかりなのに、また避難するとは夢にも思いませんでした。15日の朝、〝避難所を脱出して逃げなさい〟という指示がありましたが、ガソリンもなく動けずにいました。町に原発ができるときは「安全だ」といわれ、こんなことになるとは予想もできませんでした。

情報も入らず、自分たちの判断でヨウ素は飲みましたが、後で考えればその処置が正しかったと思います。

その後、さいたまスーパーアリーナで一時避難し、埼玉の方には本当にお世話になり、みんなに出会うことができました。３月末までお世話になり、小学校の卒業式も保育園の卒業式もそこで行うことができました。戻るところもない、みんなバラバラになっていくことへの不安で、涙の卒業・卒園式となりました。

そして加須市に行ってからも、小学校の入学式を行うことができました。市民の方がランドセル、洋服を提供してくださり、みんなの協力で入学式を迎えられたことは大変心強く、子どもたちも期待と夢を抱くことができました。しかし、「双葉の子どもたちはいじめられる」という風評が広がっていたときなので、「子どもたちをよろしくお願いしたい」と訴えました。

子どもたちは環境が変わっても遊んではいますが、遠慮しているようでした。すべての子どもたちに命の大切さを、生きるすばらしさを学んでほしいと強く思います。

短時間でしたが町に戻ったとき、時間が止まったような保育現場、ゴーストタウンとなった町を見てつくづく思いました。

「双葉だけでなく現状を見てほしい、原発はどこにでもある。どこでどう起きるかわからない、他人事と思わないで、知ってほしい。そして、忘れないようにしてほしい」

そのことを、皆さんにお願いしたいと思います。

日本テレビ「24時間テレビ」に出演した子どもたちは、いつか帰る、きっと帰れると思いながらも戻ることはできないかもしれません。時間が経てば経つほど戻れなくなる。そこにいれば、動けなくなる。時間が経てば経つほど動けなくなる。そこに根を張っていくのかもしれません。でも、ここで起こったことを忘れないでほしいと願っています。

双葉町井戸川克隆町長のお話

この講演会では参加費として1口1000円の義援金をいただき、50万円近い金額が集まり、壇上からではありますが井戸川町長へお渡ししました。

町長は、次のように語られました。

さいたま市私立保育園協会はじめ、皆様の熱い思いやりをいただき誠にありがとうございました。そして、双葉全町民は全国の多くの皆さん、埼玉の皆様にお世話になりました。

私の「震災6カ月を前に思う」という一文が、「福島民報」2011(平成23)年8月18日付の「寄稿」欄に掲載されましたが、本当にこのような事態になるとは思いませんでした。国も、事業者も「安全です。何かあれば止める、冷やす、閉じ込める……だから安全です」と繰り返し言ってきました。地震発生前まで「安全です」と言われてきたのです。ところが、それが見事に裏切られ、避難生活を余儀なくされています。

今、かすかな心配をしています。それは人材です。原発をつくった人たちはすでに第一線から退きはじめ、その後の原発技術者はマニュアルで動いています。ぜひ、人材育成に力を注いでほしい。

「大丈夫」といって、原発をつくった人たちは定年で去っていき、マニュアルでしか知らない、勘でしか判断できない、今の政治も同じ、私もその一人です。

町の最高責任者として、庭の掃除からはじまり、文書の決裁は夜中の12時になる、休みなし。3月11日以降、それは当たり前だと思います。政治が心配です。

どういう目的で子育てをしているのでしょうか。求められる人を育てなければならないのに、礼儀作法も学ぶ意味も混乱し、日本の社会はどうなるのか心配です。日本の政治・行政は何を考えているのでしょうか。これだけ大きなことが起こっても誰も責任をとらない。こんな無責任なことってありますか。

保育園児の減少、安全かどうか、誰もいわない。今回の事故は広島の原爆を超えているのに、誰も放射能の怖さを知らない、教えない。本当のことを語ることができない世の中はだめです。私たちの子ども、未来の子ども、町を守るために埼玉に避難していますが、町民を守り、次の世代を生み育てる健康な町を取り戻すために努力しなければならないと思っています。

皆さんは、子どもたちを育てる仕事をされています。子育てほど重要な仕事はない。せっかくの出会いです。必要とされる人間、スカウトされる子どもを育ててほしいし、弱くなった日本を強くするためにお願いしたいと思います。

放射線　子どもの健康と子どもの未来

日本大学専任講師の野口邦和氏（放射線防護学・環境放射線学）より、丁寧な解説をしていただきました。

■なぜ、今頃？

6月頃だったと思いますが、0～15歳までの子ども1080人（川俣町、飯館村、いわき市）の甲状腺被曝線量が発表されました。私は「政府系」と称される学者ではないためおもに新聞発表等から関連する情報を得ているのですが、「なぜ、今頃になって発表？」。こういうことが多すぎます。

甲状腺に蓄積したヨウ素131（半減期は約8日）からの放射線を3月26～30日に測定しています。実際の測定は喉元（甲状腺）に放射線検出器をあててガンマ線を測定するのですが、1人あたり1分間もかからずに数値が出るので、1080人測定するにしても時間はさほどかからない。データの整理に時間を要するにしても、すでに4月上旬にはわかっていたはずです。

原子炉の炉心溶融も早い時期にわかっていたはずですが、発表はずっと後になりました。原子炉は自動車と異なり、（核分裂連鎖反応が）止まっても冷やし続けない限り安全ではない。ドロドロに溶融した核燃料が原子炉圧力容器の底を溶かして穴を開け、格納容器の底部にまで漏れ出ました。格納容器も損傷しており、放射性物質は原子炉建屋から大気中に漏れ出ました。放射性物質は、配管等を通じて海へも漏れ出ました。

■原発の弱点

もう一つは放射線の線量の問題です。国民は馴染みのない放射能の単位ベクレルや放射線の被曝線量の単位シーベルトなどという言葉を聞き、大いに戸惑いました。どれだけ被曝したのか、どんな影響があるのかが不明なまま事態は進んでいきました。

1979年3月に起こった米国ペンシルバニア州のスリーマイル島原発2号機（TMI－2）の炉心溶融事故では、16センチ厚の原子炉圧力容器（鋼鉄製）は約5センチが溶けずに残ったため、圧力容器の底に穴は開かず、溶融燃料が圧力容器外に漏れ出ることはなかった。実は、圧力容器は穴だらけです。TMI－2のような加圧水型軽水炉では圧力容器の上部から穴を開けて制御棒を出し入れしています。炉心溶融事故を起こしても圧力容器底部に穴は開かなかったのです。結果、放射性物質は圧力容器内にとどまり格納容器に漏れ出なかった。

ところが福島第一原発のような沸騰水型軽水炉では、圧力容器の底部から穴を開けて制御棒を出し入れしています。穴はもちろん溶接してあるのですが、溶接個所の厚さは数センチくらいです。ドロドロに溶融した燃料が圧力容器底部に落ちて溶接箇所を溶かした結果、放射性物質が圧力容器外に漏れ出たと考えられます。格納容器の気圧も上昇し、2号機では圧力抑制室プール付近が水蒸気爆発により損傷しました。また、格納容器の気圧の上昇を抑えるためにガス抜き（ベント）を行なった結果、放射性希ガスや揮発性の放射性物質が大気中に漏れ出ました。

（この後、プルトニウム、放射性セシウム、放射性ヨウ素などの放射性物質の性質と半減期について説明がありましたが、省略します）

■放射能とどう向き合うか

除染を始めましたが、膨大な量の汚染土壌はどこに処分するか、国も関係者も頭を悩ませています。移動の際の事故等を考えると、国と東電は否定していますが、中間貯蔵施設が最終処分場になることも考えられます。

住民の被曝の問題では、食べ物から放射性物質が入ってくることです。これについても当初全身が年5ミリシーベルトを超えないように暫定規制値を設定しましたが、これは決して安全基準ではない。わかりやすく表現すれば〝我慢基準〟です。事故により食べ物が汚染されてしまったので、この被曝線量までは我慢してほしいという意味であって、事故による妥当な被曝など本来ありえない（暫定規制値は2012年4月、年1ミリシーベルトの新規制値に引き下げられた）。

現実に起こってしまった原発事故や環境汚染の影響から逃れることはできないし、私たちは生きていかなければなりません。内部被曝をできるだけ避けるためには、放射性物質を体内に取り込まないように規制値を超えた飲食物を口にしないことです。そのためには産地を選ぶ、食べ物を洗う・茹でることで放射性物質の濃度を下げるなどの手間をかければ、水に溶けやすい放射性セシウムは流失するので、内部被曝線量は減らせます。そういう工夫が必要です。また、米のぬかとよばれる部分には放射性セシウムが蓄積されているので、玄米を食する人は当面玄米を避けて白米を食する方が無難かもしれません。

魚の汚染も重要です。海洋の汚染で重要なのは放射性セシウム（セシウム137とセシウム134）、放射性ストロンチウム（ストロンチウム90）です。一般論としてやっかいなのはストロンチウム90で、骨に長時間とどまる性質があることです。ただ、水産庁のデータを見る限り、魚のストロンチウム90濃度は放射性セシウム濃度よりかなり低く、やはり放射性セシウム濃度を中心に汚染状況を見る必要があります。

最後に、放射線測定器は、安価な物は信頼性に欠け、感度も低く不安定です。住民が不安に感じている状況を自治体が放置してよいはずはありません。大事なことは、自分たちの住んでいる地元自治体に信頼できる放射線測定器を購入させ、それを借用できる仕組みを整備することです。

＊3人のお話は、剣持の責任で要約しました。

結びにかえて

今回の企画は政令指定都市の保育団体としては特異な取り組みとなりました。このテーマで500人を超える参加者を得、感想も150近く寄せられました。

時間の経過とともに、東日本大震災が過去のものとなっていくことを恐れます。地域の歴史とそこで生活する人々の絆、環境、自然、生活の営みが一瞬にして奪われてしまった東日本大震災の爪痕は、あまりにも大きいものです。そこで育まれた子どもたちのこれからに、今私たち大人はどう向き合い、その責任をどう果たしていけばよいのか、突きつけられた課題はきわめて大きいものがあります。今、風化させないことが求められています。

被災地の方々の一日も早い復興を祈り、応援してまいります。

（『保育通信』第682号、全国私立保育園連盟、2012年2月）

２０２４年度を迎えるにあたって

わらしべ保育園２０２４年度方針

２０２０（令和2）年の4月、新型コロナ禍への対応により学校は一斉休業、保育所は登園自粛の態勢をとり、その後も感染拡大を防ぐための対応に追われた。現在は感染法上の5類にかわり、収束に向かっているものの、新たな変異による感染拡大も予想される。子どもたちの将来に影を落とさないよう注意しなければならない。

子どもの安全に関わるもう一つの見過ごせない問題について触れておきたい。２０２４（令和6）年1月1日の能登半島大地震についてである。志賀原発が大きな事故になりかねなかったことが、数日たって明らかになった。津波による外部電源の喪失、壊れた変圧器から2万リットル以上の油漏れ、外部に設置されたモニタリングポスト18カ所が使用不可能状態に、道路寸断による避難が不可能に……等である。地域防災計画が全く意味のないものだったことが明らかになった。

13年前、福島原発の崩壊により、埼玉県加須市に避難してきた双葉町の前町長井戸川克隆氏は、今回の志賀原発について「周辺の道路も寸断され、原発事故が起きていたらとても避難できる状態ではなかった」と指摘。その上で「福島の事故では、避難計画は役に立たなかった。その反省がない。福島の教訓が、志賀を含む全国各地の原発がある地域に生かされていない」と述べている（東京新聞、2024年3月2日付）。

新潟には柏崎刈羽原発があり、テロ対策上問題となっている。冬の時期、この二つどちらかでも原発が崩壊した場合、大陸からの風により関東地方へ放射能は7時間で到達するといわれている。福島第一原発事故で避難した人たちは13年たっても戻ることはできず、今も避難生活を余儀なくされている現状を見たとき、子どもたちの将来を安全に生活できる環境を保障するために、原発を推進する動きをやめさせることが急務である。

園長からのメッセージ

わらしべ保育園父母の会会報

2011（平成23）年3月1日

◆わらしべの未来

わらしべ保育園は40年の歴史が刻まれて、2010（平成22）年10月に節目の集いを迎えることができました。集いには、父母の会の皆様はじめ多くの方々にご参集いただきましてありがとうございました。

さて、わらしべ保育園は10年後、50年目を迎えることになります。正直なところ今の段階で10年後はどうなっているのか予測がつきません。「未来」を5年後、10年後と考えたときに、保育園をめぐって全く見通しが立たない時代に入ってきております。何故かと申しますと「わらしべの未来」は今政府が進めようとしている「子ども・子育て新システム」と切り離して考えることはできないからです。1月24日の新システム作業部会で、幼保一体化は3歳以上を対象にして、保育所は0～2歳児に限定するという案が出されたようです。児童福祉法では「保育に欠ける子ども*」について市町村が保育を実施する義務を規定していますが、今進めようとしている「システム」では保護者が直接園と契約することになり、システムが実施されることになれば、保育園の内容から運営まで大きな変革が求められることになるでしょう。

制度の変更で保育園のありようも大きく変わるかもしれませんが、守らなければならないのは、児童福祉の精神です。どんな時代にあっても、子どもが差別なく成長発達することが保障されなければなりません。わらしべ保育園が西堀のこの地で地域福祉の要となって、保護者が安心して、子どもが輝く、そんな保育園をめざして職員が心一つにして取り組んでいくことで、未来を創っていきたいと思います。

*児童福祉法39条の「保育に欠ける子ども」の規定は、2024（令和6）年の法改正で「保育を必要とする乳児・幼児」に変わりました。

◆命を守るために、つながり合うことを大切に

2012（平成24）年3月1日

2011（平成23）年の3月11日、未曾有の大震災と原発の崩壊は、私たちにかつて経験したことのない痛恨の極みを与えました。もうすぐ1年が経とうとしていますが、復興がなかなか進みません。原発事故で故郷に戻れない現状での東電の電気料金値上げ宣言は無神経としか言いようがありません。「頑張ろう！」がむなしく響いてくるのは何故でしょう。避難先の仮設住宅で過ごす人々の寒さに震え、生活の見通しさえ持てない現状を見るとやりきれない気持ちになります。

東日本大震災の日、多くの帰宅困難者がありました。不通となった電話は使えませんでした。しかし、メールは使えていたことで連絡を取り合うことができました。私たちは東日本大震災で最初に対策をとったのは、保育園の状況をすばやく的確に伝えるために、ホームページから携帯電話に情報をダウンロードできるようにしたことです。そのあと、一斉メール配信ができるようにしたことです。計画停電の状況、遠足などの行事の見通しなど、保育園からの伝達にはメールが有効に働きました。

もう一つは放射能問題です。子どもの飲み水、食料、園庭の放射線量など、子どもの健康に関わることについては、さいたま市の保育部と連絡を取りながら、態勢をつくっていきました。放射線測定器の貸し出しをお願いし実現、そして災害時の保育部と各保育園の連絡態勢と非常時の管理マニュアルの作成など、公立保育園と私立保育園が一緒に取り組んできました。

4年以内に関東地方を震源とするマグニチュード7クラスの地震が起こる確率は70％と発表されま

した。最近の山梨県や千葉県銚子沖を震源とする群発地震が気になります。阪神淡路大震災では電気、ガスの復旧まで1週間以上かかりました。園では3日分の食料と水を確保していますが見直しが必要です。

父母の会はもちろんのこと、近所の保育園との連絡、行政、町内自治会など、互いにつながり合うことが求められていると思います。これまでの取り組みとともに、保育園の万全の態勢づくりに努力します。

2014（平成26）年3月1日

◆子どもが生きるとき

スマホに子守りはさせないで

スマホに夢中になり子育てを放棄する母親の出現で、「スマホに子守りをさせないで」ということが最近言われるようになりました。これを聞いて、テレビが家庭に入ってきた頃のことを思い出しました。私が小学生の頃にテレビが売り出されました。1950年代は冷蔵庫、洗濯機とテレビは〝三種の神器《じんぎ》〟としてあこがれの家電でした。今と違って白黒画面のテレビは、家庭の団らんの場所を占有し、その後カラーテレビがとってかわりました。今ではブラウン管が薄型テレビに変わり、やはり居間に置かれています。

テレビが普及して幼児教育者や小児科医、研究者の間で問題になったのは、テレビが子どもに与える影響が無視できないということでした。一方的に入ってくる情報は子どもに害を与え、発達に及ぼす影響は大きい、自閉症はテレビに子守りをさせることから出てきたなどと、社会問題になりました。その後、自閉症についてはテレビや育児に問題があるのではないといわれるようになりました。

テレビもスマホも情報を手に入れられる「道具」であり、その「道具」をどう有効に活用するかは活用する側の問題が大きいといえます。道具の意味がわかり、その道具のすばらしさが理解できて使えるようになります。私たちは1、2歳の子どもに包丁を持たせることはけっしてしません。それはその年齢にふさわしい道具ではないからです。

話がちょっとそれますが、スマホで簡単に写真を送ることができるようになり、好きな相手から「写真を送って」と言われて気軽に応えてしまい、やがて破局したときにその「写真」が一気にばらまかれてしまい、社会問題になっています。これも「道具」に対する無知と危機管理の欠如からくるものです。

今、求められる育児は

スマホに子どもの育児を任せるのではなく、必要なのは、気持ちが穏やかな心のこもった関係づくりではないかと考えます。子どもは怒鳴られたり、殴られたり拒否されるほど悲しい気持ちになります。殴って子どもが育つわけがありません。〝朝からぐずって言うことを聞かない〟〝保育園に行きたくないと泣きわめき、もう、イヤ〟〝迎えに来てもすぐに帰らない我が子、許せない〟と感情を露わにするのは大人です。

最近のことです。ある保育園の近くで、歩き始めた1歳半ぐらいの女の子とお母さんが歩いて来るのが目に入りました。女の子はおぼつかない足取りで一生懸命歩いていました。お母さんがそのとき「迎えに来たら何で早く出てこないの？　すぐ来なきゃダメ！　もういい加減にして！　ダメじゃない！　もうイヤ！」と、上から目線で罵声を浴びせていたのです。女の子はその意味をまだ理解できません。お母さんが言っている内容はわかりませんが、自分に冷たく言い放つ語気や視線を感じるのでしょうか、お母さんの罵声を全身で受け止めて足下に視線を移していました。

疲れて、迎えに来て、家に帰って食事の支度から子どもを寝かせるまでのことを考えれば、昼の仕事と重なって「もうイヤ」と言いたくなるお母さんの気持ちはわかります。でも、だからこそ穏やかに過ごせること、子どもと気持ちが通い合う心のこもった関係づくりがどうしたらできるのか、考えることが大切なのではと思います。

生きるために

子どもは生きるために、友だちや環境や大人との関係の中で育ち合っています。大切なことは親子の関係、親と子どもの絆です。感情むき出しに怒るのではなく「叱る」ことも大事です。叱った後に、気持ちの交わりをつくることです。

小学校2年生の子どもが、学校で「発酵」について学習しました。パンがどうやってできるのかを知った子どもが家で挑戦しました。その子は、早く起きて必要な道具と材料と量りを揃え作り始めました。発酵のために仕込んだ材料を寝かせておくことも学びました。その間に、使った道具などをきれいに片付けて、お母さんが起きてくるのを待ちました。お母さんは赤ちゃんが生まれて、夜の授乳もあり、まだ寝ていました。発酵が進みもう焼いてもOKとなり、オーブンをまだ使えないので「お母さん、パンを焼いて」とお願いしたそうです。

お母さんはそのとき、子どもがパン作りのすべての過程をやりこなしたことに驚きました。学校での学びが生きる力につながっていることを実感し、感動したそうです。お母さんは、生まれたばかりの赤ちゃんに日頃手を取られ、上の子に丁寧に関われないことを気にしながら生活していたのですが、このとき、子どもの生きる力を知りました。その子どもは嬉しそうに、そして美味しそうに食べる母親の姿を見て、とても満足していたそうです。そして、とってもたくさんほめられて満面に笑みを浮かべたとのことです。

親子の関係はときには、怒鳴りたくなることもあるでしょう。子育てが大変で、八つ当たりすることもあるでしょう。仏様ではないので仕方がありません。でも、子どもは一人の人間として生きています。子どもが大切にされるように願います。大切に育てることを保育園でも家庭でも大事な柱にしてまいりましょう。

◆絵本と子ども

2015（平成27）年3月1日

わらしべ保育園の子どもたちは

わらしべ保育園の子どもたちは絵本に強い関心を持っています。2階の廊下にある絵本コーナーで1冊の図鑑を見ながらお話ししているグループや、周りのことを気にしないで一心不乱に絵本に見入る子どももいます。

春にさくら組の散歩について行ったときに、小さな図鑑を手にして野草を調べていた子どもたちは、色や形で見分けて、文字が読める子どもがその名前を伝えていました。ひよこ組に入ると、小さな絵本を持ってきて私に差し出します。私のヒザにちょこんと座って、読んでもらうことを期待します。入園して半年も経つと「絵本を読むよ」と声をかけるとみんな寄って来て、ちょこんと座って絵本に視線が集まります。つくし組やたんぽぽ組では、食事前のトイレが済んだ子どもたちが、好きな絵本を自分の場所に持ってきて、絵を見ながら楽しんでいます。

表現と絵本

クリスマスの発表会では絵本の題材から、表現へ工夫していく姿が見られます。お話の展開に心を動かされて、さまざまな動きが生まれます。繰り返しのおもしろさや、昔話の中に秘められた思いや願いが、子どもたちの中で共有されたとき、表現が輝いてきます。絵本は現実ではありません。でも、現実ではないところから夢や希望が生まれて、子どもたちの気持ちにつながったときに、クラスが一つになります。

絵本の意味

庶民がまだ文字を持たなかった時代は、いろりの周りで親や祖父母が子どもたちにさまざまな話を語りました。豊かな暮らしを望んで宝を手に入れる話、鬼や化け物を題材に世の中に怖い者がいることなど、話を通して子どもたちに大人としての願いを伝えてきたのです。昔話はこうした環境で生まれ伝えられてきたのです。子どもたちに絵本という文化が生まれたのは近代になってからです。文字の文化が印刷技術を手にしたことで、情報の伝達が飛躍的に発展しました。ここで、文字と絵がつながりました。テレビが家庭に入り込む前に、豊かな文化が広がっていたと思います。

伝え合う文化として

テレビが家庭の居間に入ってきて「テレビに子守りをさせないで」ということが言われるようになりました。今、スマホが取って代わり、「スマホに子守りをさせないで」と、小児科医を中心に訴えています。テレビやスマホの情報伝達は一方的です。スマホの文字は記号に過ぎません。絵本は読み手の心の動きや文字が、言葉として語られる息づかいが、とても大事な「伝え合い」となるのです。それは伝えようとする作者の意図が私たちの心に響くからです。

一つの例を紹介しましょう。ここに『いのちをいただく――みいちゃんがお肉になる日』という絵本があります。原案は坂本義喜さんという食肉解体作業員です。坂本さんの話を聞いた内田美智子さんが絵本にしました。坂本さんがこの絵本の後書きで次のように書いています。

自分がやっている食肉解体業は、運ばれてきた動物たちを肉にする仕事でしかありませんでした。動物たちに対して、かわいいとか、かわいそうという感情はなく〔…〕早く解《と》いて肉にすることしか考えていませんでした。女の子がみいちゃん（牛の名前―引用者）の首から肩をなでているときの、みいちゃんの幸せそうな顔を見て、こんなにおとなしく利口《りこう》な牛がいることを初めて知り、「この牛だけは解きたくないな」と思って家に帰りました。〔…〕翌日、仕事場に着くと、みいちゃんを見にいきました。初めは威嚇《いかく》してにらむけれど、時間が経《た》つにつれ、みいちゃんから寄ってきて、私の手をなめてくれました。そのときが、運ばれてきた牛を初めてかわいいと感じた瞬間でした。そして、自分の仕事の意味がわかったのです。〔…〕その後、この子たちの不安な気持ち、死にたくない気持ちをだれかに知って欲しいと思い〔…〕学校で話をしました。

坂本さんがご自分の仕事と体験を通して命の尊さを、そしていろんな仕事があることを訴えているのです。ぜひ読んでみて下さい。
絵本が子どもたちに伝えるもの、それはやがて子どもたちの成長の糧となるでしょう。
夜、寝るときにちょっと時間を作って絵本を通してお話しして下さい。そのひとときが親子の確かな絆になるのです。

２０１６（平成28）年3月1日

◆子どもと向き合う

私は小さい頃、山形の片田舎で育ちました。四季の変化を体で感じ、きれいな空気と美味しい水、そして友だちと近所の大人との交わりを通して育てられたと思います。家にはテレビも冷蔵庫も電気釜もない時代でした。お風呂も薪と石炭で沸かしていました。水道はなく井戸水でした。楽しみは夜寝るときに母親が読んでくれる絵本と母の温もりでした。

私が育った時代の60年前と今、子どもたちが育つ環境は大きく変わりました。特に親子の関係が家庭の生活で激変し、子どもとゆったり過ごす時間も空間もなくなりました。コンビニで簡単に食べ物を手に入れることができるし、外食も容易にできます。スイッチひとつで風呂は適温でお湯が張られ、ガスも暖房も簡単に手に入れることができるようになりました。情報はテレビだけでなく、パソコンやスマホで即座に手に入れることができ、私たちの生活は大きく変わりました。便利な生活が私たちから奪うものはないのでしょうか。便利さが子育ての中で、気づかずに見失っているものがあるのではないかと心配です。

日本小児科医学会が「スマホに子守りをさせないで」という警告を発したのが２０１３（平成25）

年です。おたより等でも何度か取り上げて書いてきました。小児科医は乳幼児の泣き方がおかしいと指摘しています。塩尻市の中村医院に勤務する菅谷医師は「キー」とか「ギャー」と変な泣き声が待合室から聞こえてくるので見てみると「スマホを使うお母さん、お父さんが増えました。赤ちゃんは一心にお母さんの顔を見ているのに、お母さんは顔をそむけたまま無表情でスマホを使っていて…」と、赤ちゃんとの交流がなくなっていることを指摘しています。子どもたちは親との間のアイコンタクトを通して、信頼関係を築いていくものです。子どもと目と目で向き合う、お話しをする、共に笑って共感する、そんな生活を子ども達は望んでいます。日々の生活に追われ、忙しいとは思いますが子どもと向き合う時間を大切にしたいものです。

2017（平成29）年3月1日

◆人は輪の中で育つ

子どもたちは安心して家族のぬくもりを得ているのでしょうか。ゆとりない生活によって精神的にも追い詰められ、弱い子どもたちにはけ口を求め虐待に向かったり、地域の子ども社会が弱体化し、安全が脅かされ群れをなしてあそぶ環境が奪われ、子どもが集団で育ち合うこともなくなりました。この半世紀の日本社会は大きく変わりました。格差社会と貧困は自己責任の風潮を助長し、高校や大学へ進学ができないのも（子育て、教育への国の投資は先進国では下位）、収入が低いのも、罪を犯すのも個人の問題に帰してしまうことに私は危惧します。

虐待も子どもに責任はありません。他園の園長が相談に来ました。3歳児クラスで、友達をいきなり突き飛ばす、友達をめがけて椅子を投げつける、お椀の味噌汁を隣の子どもの襟首をつかんで流し込むなど目が離せない状況を訴え、悩みを訴えていました（この件についてさいたま市保育課と対策協議中）。家で体罰を振るわれている子どもは、保育園で親にやられていることをまねして振る舞うようになります。子どもに罪はありません。子どもは人間の輪の中で育ちます。その輪が切れない仕組みが大切です。

『発達教育』（2015年5月号）という月刊誌があります。公益社団法人発達協会が発行しており、発達につまずきのある子どもの子育てと保育・教育を支援する団体です。その巻頭言に保護者のMさんが寄稿していました。読みながら涙が止まりませんでした。

冒頭の巻頭言の一部を紹介します。Mさんは5人の子どもを授かり母一人で大変苦労しながら、家族と多くの方に支えられ子どもを育ててきました。一番下がダウン症のN君です。中学校に入り環境が変わって辛そうなとき「ママ、ぼくの本当のきもち、いっしょに出かけたりしてくれてありがとうございます。ほんとうの夢を見つけてママをよろこばせます。ほんとうにありがとう」と手紙を書いたそうです。MさんはN君に「いつも教えられ、励まされ、気づかされ笑わせて」もらい、たくさんの元気をいただいたそうです。そして次のように訴えています。

「障がいのある子を授かるということ。私自身、辛く悲しい時もあります。けれど、せめてお子さんの前では泣かないでください。悲しみに抵抗しましょう。途方に暮れているお父さんやお母さんの姿を見て一番辛いのは何の罪もないせっかく生まれてきてくれたそのお子さんです。人としての優劣は誰がどうやって決めたのでしょうか。無いものを数えず有るものを数えましょう、悪いとこみつけをせずにいいとこみつけをしましょう。少しずつ重かった心も軽くなり、親子で素敵な楽しい時間が過ごせるようになります。子を信じて、待ち、支えているといつの間にか支えてもらっていることに気づきます。必ず。一度きりの人生です。色々考え、学び、悩みながらも目の前を一生懸命に、そして楽観的に生きていこうと私は常に思っています」そして、「Nくん、うまれてきてくれてありがとう」と結んでいます。

わらしべ保育園が保護者と子どもたちと職員そして地域が一つの大きな輪でつながることを願っています。

剣持先生との出会い

牧《まき》 裕子《やすこ》（埼玉県所沢市　あかね保育園元園長）

私が初めて剣持先生とお会いしたのは、さいたま市に引っ越してきた２人の孫の入園をお願いしたときでした。友人の園長から「さいたま市ならわらしべ保育園がいいよ」と教えていただき、当時の園長梅沢順子先生の案内で見学し、お話を伺いました。孫たちの家からは少し離れていましたが、十分通園ができるということでした。２００４年４月に２人の孫が入園してすぐ、剣持先生が園長先生になりました。

２人の孫は保育園が大好きでした。どの先生にもよくかかわっていただきました。忙しい園長職の剣持先生が子どもと遊んでいるのをよく見かけました。ある日、私がお迎えに行くとホールで剣持先生がピアノを弾いて子どもたちが周りで歌を歌っていました。またある夕方、先生は子どもたちに絵本を読んでいました。１歳児の孫の指吸いを見て「ちゃぷくん」と呼ぶので私がびっくりして聞くと、「いつも指吸いをしていて可愛いから私はちゃぷくんと呼んでいます」とおっしゃいます。まるごと孫を受け入れていることに、私の方が感動してしまいました。

3歳児で入園した孫は、何事にも積極的でおしゃべりの大好きな子です。剣持先生は、そんな子どもにも丁寧に付き合って、子どもの思いを聞いて下さる先生でした。ちゃぷ君が4歳児のときのことでした。大好きなN先生に年長組になっても担任になってほしいと思い、4歳児なりに悩んでいました。どうしたらいいか考えて本人が「僕、園長先生にお話しする」ということになり、剣持先生に「お話があります。○○組になってもN先生にしてください」と話しに行きました。剣持先生は話を丁寧に聞いて下さり、最後に「君の考えていることはよくわかりました。私もよく考えてみます。ありがとう」と言ってくださいました。結果は思い通りになりませんでしたが、新しい担任の保育士も大好きになって卒園しました。子どもだからという態度は全くなく丁寧に話を聞く姿に感動しました。この話は3月頃でしたので当然担任は決まっていたと思います。現在2人の孫は大学生になっています。幼児期に自分の思いをきちんと聞いてもらえることの大事さを剣持先生から学びました。

私は、剣持先生と同じ園長職についていましたので、お会いするといつも保育問題について話していました。剣持先生も私も埼玉県私立保育園連盟の役員をしていました。さいたま市は政令都市ですので、その後剣持先生は、さいたま市私立保育園協会を立ち上げ、会長を務めていました。剣持先生は、「子どもたちの保育環境を改善しなければならない、そのためには今の制度を保育実態に合ったものにしていく必要がある。それをしなければ、保育士の労働条件も改善できない」と発言し、積極的に講演や執筆活動を展開しています。２００８年には「児童福祉法24条を守れ」の大運動で活躍されました。今も最低基準は世界の中でも考えられないほど低いものです。２０２４年、79年ぶりに改善されましたが、４、５歳児30人に保育士１人から４、５歳児25人に１人になったという程度の改善です。それでも長年の保育運動が実ったのです。

保育園は国の制度がころころと変わり、対応に追われる日々でもありますが、子どもたちが平和な社会で自己実現ができるように、保護者が子育てのパートナーとして保育園と二人三脚で子育てができるように、剣持先生にはますますのご活躍とご発言を期待しています。

おわりに

今年の3月に、小学校6年生のYちゃんがわらしべ保育園宛に手紙をくれました。園だよりでも紹介しました。

わらしべ保育園のみなさんへ

わらしべ保育園の先生方、並びに職員のみなさま、お久しぶりです。この度、私は土合小学校を卒業しました。保育園を卒園してから6年間の間、勉強はもちろん、喜びや悲しみ、出会いや別れを経験し、成長していくことができました。そして、6年生となり、わらしべ保育園で学んだ思いやる力や協力、あきらめないこと、小学校で身に付けた周りを見て行動すること、知識を使い、卒業する身としてはずかしくないように、日々努力しました。そんな毎日の中であきらめずに奮闘し、最後まであがいたこと、周りのみんなに思いやりの気持ちを持って行動し、感謝されたこと。これらは、すべて、わらしべ保育園での学びや経験のおかげだと何度も、何度も思っては、私の中で保育園の3年間はとても大きく、今につながっているのだと感じました。ここまで、私が大きく成長できたのは、わらしべ保育園のおかげです。本当に感謝の気持ちでいっぱいです。

私はこの6年間、沢山のことに挑戦しました。昔から好きだった絵や植物を育てること、ギターを弾いてみたり、学校をまとめるリーダーの計画委員会の委員長を務め、学校をよりよくするために活動しました。そうやって自分の好きなことや長所を伸ばし、絵では賞を取ったり、さいたま市の最優秀児童の表彰をうけるまでになりました。このような自分の長所や好きなこと、得意なことを持つことができたのも、わらしべ保育園での経験のおかげだと思います。でも、その一方で、周りを気にしすぎたり、よくするために努力しすぎてしまい、ストレスで感情が収められなくなって涙があふれることもありました。ですが、その時は周りの人たちにささえられ、乗りきることができました。改めて仲間がいることの大切さや、たまには力をぬいてもいいと、学ぶことができました。

先生方はコロナ禍の間など、大変な時期が多かったと思います。でも、コロナ禍の時に入学してきたわらしべ保育園生は「先生はいつも元気でニコニコして大好き！」と言っていました。その言葉を聞いて、先生たちは大変忙しいのに、笑顔を絶やさず、日々努力なさっているんだなと思いました。本当に心から尊敬します。

改めて、わらしべ保育園の先生方、職員のみな様、私をここまで大きく成長するまで導いてくださり、本当に本当にありがとうございました。中学校に行っても保育園のことを忘れず、そして立派な姿を見せられるよう努力します。どうぞ、これからもよろしくお願いいたします。

（２０１７〈平成29〉年度卒園生　Ｙ）

長い手紙をそのまま掲載させていただきました。子どもたちは保育園での生活を通して、なにを培っているのでしょうか。卒園してあそびに来る子どもたちもいます。椅子を触りながら、「こんなに小さかったんだね！」「この部屋、懐かしい！」と言いながら、担任に「懐かしい！　嬉しい！」と飛びつく子どもたち。公立保育園では保育士は4、5年で転勤しますが、わらしべ保育園は10年、20年と長い間勤める職員が多いので、子どもたちにとっても第二の家庭、ふるさとのような気持ちを抱いているようです。

生きることへの喜び、目を輝かせながら仲間とつながり、泣いたり笑ったり、困難なことに出会えば、みんなで乗り越えることを学びながら育っていきます。保育の原点は一人一人の子どもたちを大切にすることにあると考えます。子どもたちの将来が輝くことを願って。

２０２５年1月　　剣持浩

著者　剣持　浩（けんもち　ひろし）
1947 年生まれ。1973 年和光大学卒業。1999 年まで和光学園の幼稚園と小学校に勤務。わさびだ療育園で４年勤務、2004 年からわらしべ保育園に勤務。
さいたま市私立保育園協会会長、埼玉県保育協議会会長を歴任。
さいたま市や川口市から市政功労賞を授与される。

子どもたちの輝く瞳のために
豊かな保育とは

2025年2月10日　第1刷発行

著　者　©剣持 浩
発行者　田村 太郎
発行所　株式会社　かもがわ出版
〒602−8119 京都市上京区堀川通出水西入
TEL 075（432）2868
FAX 075（432）2869
振替 01010−5−12436
編　集　八木 絹（戸倉書院）
装　幀　仁井谷 伴子
装　画　神門 やすこ
印刷所　シナノ書籍印刷株式会社

ISBN978-4-7803-1360-4 C0037